서부산이 답이다

서부산이 답이다

- 이성권의 삶과 그가 꿈꾸는 세상 -

이성권 지음

ㄹ동

이성권

서부산이 답이다

Contents

서문

지방행정의 바다속으로 뛰어들다

박형준이 대안이다 15

경제부시장 대신 정무특보를 맡다 26

부산의 미래를 위한 스케치, 인수위 참여 30

엑스포 유치를 위한 도전과 좌절 41

산업은행 부산 이전은 국가의 백년지대계 60

서부산 발전이 부산의 미래다 70

"사하구 예산 팍팍 지원해 주십시오" 80

경제로만 끝나지 않는 경제부시장 업무 84

남해촌놈 총학생회장이 되다

농사일 잘하던 둘째 아들 93

이상한 나라의 앨리스? 아버지, 어머니 98

사진 때문에 삶이 바뀌다 101

즐거웠던 군 생활 106

계란으로 바위를 깼던 총학생회장 선거 111

움직이는 학생회, 통 유리창 사무실 117

해법을 기획하고 대안을 찾는 즐거움 119

이성권

서부산이 답이다

한국과 일본의 정치의 중심에 들어가다

맨땅에 헤딩했던 비서관 생활 124
본받고 싶은 정치인 박관용 128
끊이지 않는 갈증, 늦깎이 일본 유학생 131
지문이 사라진 아내의 손가락 137
말을 더듬는 아들 140
일본 총리감을 찾아내다 142
주경야독(晝耕夜讀)의 정신으로! 145
일본 국회의원 최초로 한국어 홈페이지를 만들다 146
일본 국회의원을 서대문 형무소로 데려가다 148
일본 국회에서 중매쟁이가 되다 150
갑작스러운 총선 출마 제의 152
잘 곳도 없던 무일푼으로 공천을 받다 156

국민의 공복이 되다

찢어진 명함 160
몸뻬 입은 어머니와 임신 5개월의 아내, 화상 입은 운동원 162
양말과 속옷을 찍읍시다 165
국회의원은 입법으로 말한다 167
혈세 감시자 171
"머리에 피도 안 마른 녀석이 동네를 알겠어?" 174
"이거 안 해주면 다음에 재선도 없심니더!" 176
가장 안정된 것은 '수평' 180

열 손가락 깨물어 안 아픈 손가락 없다 182
흔들리지 않고 피는 꽃이 어디 있으랴 186

더 넓은 세계에 대한 도전
"국회의원 출신이 어떻게 감사직을?" 190
감사직에 대한 편견과의 싸움 192
지구를 12바퀴 돌다 194
정보는 나눌수록 힘이 된다 197
감사는 저격수가 아니라 상담사다 200
친절한 감사씨와 화상(畵像) 감사 202
쏠 때는 벌처럼 205
국정감사에서 칭찬받은 상임감사 207
국정 운영의 컨트롤 타워 청와대로 들어가다 209

외교는 서비스다
갑작스런 청와대의 제안 222
구치소 같던 영사관을 카페처럼 바꾸다 225
민간기업의 영업맨이 된 외교관 238
한국의 토크 콘서트를 수출하다 245
일본대학에서 일본을 비판하다 252
베스트 공관장에 선정되다 257

부록 - 신미라가 말하는 이성권 259

| 서문 |

서부산이 답이다

변화하지 않고 고정된 것은 없다.

사람의 인생도, 도시의 모습도, 국가의 운명도 마찬가지다.

존재하는 모든 것은 변화한다.

나의 삶이 그것을 증명한다.

남해에서 나고 자란 평범한 시골소년이 끊임없이 변화해 왔다.

부산대학교 총학생회장, 국회의원 비서관, 늦은 나이에 일본 유학, 일본 국회의원의 비서, 대한민국 국회의원, 정부기관의 상임감사, 청와대 비서관, '총영사'라는 외교관, 그리고 부산시에서의 정무특보와 경제부시장.

입법, 행정, 외교, 경제통상, 심지어 지방정부까지 아무나 쉽게 경험할 수 없는 것들을 축적했다. 대한민국에서, 아니 어쩌면 전 세계에서 유일하게 나에게만 주어진 경험일 것이다.

어떻게 가능했을까.

안주하는 것을 싫어하는 나의 기질 때문이다.

그리고 나의 의지와 무관하게 강요되어지는 환경조차 푸념하지 않고 긍정적으로 응용했기 때문이다.

도시의 운명도 마찬가지다.

안주하면 소멸하고 도전하면 성장한다.

부산이라는 도시.

한국전쟁 후 폐허가 된 땅에서 부산은 가슴 뛰는 '도전의 도시'였다.

산업의 심장, 수출의 전진기지로 대한민국에서 가장 도전적인 도시였다. 피란민을 포용하고 사람들의 생계를 꾸리고 희망을 만드는 도시였다. 부산을 주제로 한 영화와 대중가요가 많은 이유가 그래서이다.

어느 순간 '부산의 도전'은 낯 설은 단어처럼 희미해졌다.

원도심을 중심으로 신발, 섬유, 고무, 목재와 같은 노동집약적인 산업으로 도전적인 삶을 살았던 때가 있었다. 그러나 새로운 도전을 준비하지 못한 원죄로 지금의 부산은 고통받고 있다. 새로운 먹거리 산업을 만들지 못한 것이다.

그 사이 부산지역 안에서 불균형이 생기기 시작했다.

늘어난 인구가 소득수준에 따라 지역적으로 갈라져 살기 시작했다.

부산 내 신흥부유층들이 해운대를 중심으로 한 동부산에서 자신들의 성(城)을 구축했다. 옛 영광을 누렸던 원도심은 공동화로 도시재생 혹은 재개발에 목을 매는 처지가 되었다. 서부산은 노후화된 전통 산업으로 시대의 급격한 변화 앞에서 힘겨워하고 있다.

하지만 결단코 고정된 것은 없다.
이제 부산의 성장축은 서부산으로 반드시 옮겨온다.
부산의 미래는 서부산이 개척해 나갈 것이다.

세계 2위의 환적항, 세계 7위의 컨테이너항인 부산신항이 서부산에 있다.
24시간 운영가능한 가덕도신공항이 2029년 개항한다.
서부산이 부산을 세계적인 '물류허브도시'로 만들 것이다.
서부산에 첨단산업이 들어서고 에코델타시티에 이어 공항복합도시가 형성될 것이다.

낙동강 역시 부산의 가치를 높여주는 천혜의 자원이다.
현대화된 도시와 어우러진, 생태적 보존이 잘 된 강은 세계에서 유래를 찾기 힘들다. 낙동강을 중심으로 한 국가정원 추진은 부산을 세계적인 환경·휴양도시로 탈바꿈하게 할 것이다.

다대포해수욕장과 을숙도와 같은 천혜의 자연환경 때문에 관광산업이 서부산에서 부흥할 것이다. 훌륭한 원석을 보석으로 만들기 위해서 행정의 역할이 중요하다. 민간자본이 투자할 수 있도록 행정이 마중물 사업을 전폭적으로 해야 한다.

나는 확신한다.

서부산이 부산을 먹여살리는 '장남'의 역할을 하는 시대가 올 것이라고. 30년 가까이 다양한 분야에서 쌓은 경험으로 내린 결론이다.

코트라에서 50개국을 출장 다니며, 그리고 일본에서 총영사를 하면서 도시의 흥망성쇠를 보고 내린 결론이다.

이 책은 그런 의미에서 나의 경험집(經驗集)이라고 할 수 있다.

다양한 영역에서 함께 한 사람들과 땀 흘리고 지혜를 짜내었던 사실들을 기록한 것이다.

동시에 이 책은 나의 결심서(決心書)이기도 하다.

내가 살아온 방식, 그리고 앞으로 살아갈 방식에 대한 '결심'이 담겨 있다.

이 책을 읽는 사람들에게 조금이라도 용기를 주길 기대해 본다.

부산시 경제부시장 퇴임날인 2023년 12월 28일에.

이 성 권

지방행정의 바다속으로 뛰어들다

박형준이 대안이다

경제부시장이 된 이유

부산의 미래를 위한 스케치, 인수위 참여

엑스포 유치를 위한 도전과 좌절

산업은행 부산 이전은 국가의 백년지대계

서부산 발전이 부산의 미래다

"사하구 예산 팍팍 지원해 주십시오"

경제로만 끝나지 않는 경제부시장 업무

EXPO
2025

지방행정의 바다속으로 뛰어들다

박형준이 대안이다

2020년 제21대 국회의원 선거가 미래통합당(현 국민의힘)의 완전한 참패로 끝났다. 당시 부산의 미래통합당은 박형준 공동선대위원장을 중심으로 열심히 분투했지만, 선거 결과는 좋지 않았다. 박근혜 대통령 탄핵에 이어 21대 총선마저 참패하자 보수진영에는 보수가 궤멸 될 것이라는 우려가 나오기 시작했다. 당시 민주당은 의석 180석을 획득하고 향후 50년간 혹은 100년간 집권할 것이라는 전망까지 나오고 있었다.

그렇게 모두들 좌절의 늪에 빠져 있을 때 아무도 예상치 못한 하나의 사건이 터졌다. 오거돈 부산시장이 집무실에서 여성공무원에 대한 강제추행으로 전격적인 사퇴를 선언한 것이다.

어떻게 보수의 위기를 돌파할 것인가!

그 순간 희미한 예감이 내 머릿속을 스쳤다. '1년 뒤에는 부산시장 재보궐 선거가 벌어질 수밖에 없다. 그 선거를 잘 치러낸다면, 보수가 다시 회생할 수 있는 기회가 찾아올 수 있겠구나.'

공교롭게도 얼마 지나지 않아 부산의 오거돈 시장뿐만 아니라 대권주자로 거론되던 박원순 서울시장마저 여직원에 대한 성비위로 스스로 운명을 달리하는 충격적인 사태가 발생하게 되었다. 이로써 더불어민주당은 2018년 안희정 충남지사를 시작으로 해서 2020년 오거돈 부산시장에 이어 박원순 서울시장까지 성범죄로 광역단체장 직에서 물러나며 전국민의 지탄을 받기에 이르렀다.

이 상황을 빠르게 정리하고 스스로의 정치적 역량을 보여주는 진영이 차기 정국의 주도권을 쥐리라는 예상이 내 머리를 스쳤다. 격랑 속에서 부산에 뿌리박고 정치를 해온 내 입장에서는 부산시장을 누구로 내세우는가에 따라서 새로운 희망을 다시 틔울 수 있겠다는 판단이 들었다.

먼저 출마할 수 있는 후보군을 생각을 해봤다. 나도 2018년도에 바른미래당 부산시장 후보로 출마를 한 경험이 있었기 때문에 개인적인 욕심이 있었지만, 내가 가지고 있는 정치적 자산을 가지고는 이

격렬한 선거를 뚫고 승리를 쟁취하기에는 아직 힘이 충분치 않다는 생각이 들었다.

결국 나 자신을 접어두고 당과 부산을 위해 괜찮은 인물을 찾아야 한다는데 생각에 미쳤다. 고민 끝에 내가 생각한 후보는 박형준 당시 선대위원장이었다.

박형준 위원장이 다가오는 보궐선거에서 최적의 후보라고 생각한 이유는 여러 가지가 있었다.

첫째, 박근혜 탄핵 이후, 아무래도 시민들은 이념적으로 극단에 치우치지 않은 균형잡힌 합리적인 정치인을 원하기 때문이다. 강경 극우성향의 보수에 대한 염증을 느끼던 시대적 환경이었다. 박형준 위원장은 강적들(TV조선), 썰전(JTBC)과 같은 시사정치 토론방송에서 그의 중도 합리적인 보수의 진면모를 보여주었다. 그로인해 대중적 인지도를 갖추게 되었고 심지어 셀럽이 되었다고 해도 과언이 아니었다.

둘째, 박형준 위원장은 경험과 능력이 있었다. 17대 국회의원을 역임하고 이명박정부에서는 대통령실에서 홍보기획관, 정무수석등을 거쳐, 국회 사무총장까지 지냈다. 입법부와 행정부를 골고루 거치며 국가운영에 깊숙이 관여했던 능력자였다.

셋째, 그는 스스로 독자적인 정치 철학과 비전을 갖춘 사람이었다. 과거 부산시장은 보수든 진보든 당의 실세라는 이유로 수혜성 공천을 받거나, 부산 국회의원들간에 서로 견제하는 정치적 역학관계로 인해 공무원 출신이 어부지리로 공천을 받은 경우도 있었다.

요컨대 대중적인 인지도가 높아 격렬한 선거판을 뚫을 수 있고, 합리적이며 자기비전이 있고, 국정 경험을 통해 부산의 미래를 이끌어갈 정치 지도자로서 박형준 부산시장 후보가 적합하다는 생각이 들었다.

박형준의 우군을 만들다

2020년 5월이었을 것이다. 오거돈 사퇴 선언 3주 후쯤 박형준 선대위원장에게 만남을 청했다. 비가 오는 날이었고 두 달 만의 만남이었다. 카페 문을 열고 들어서는 그의 얼굴을 보고 깜짝 놀랐다. 너무 초췌하고 지쳐보였다.

박근혜 대통령 탄핵 후 갈갈이 찢어진 보수진영을 미래통합당으로 모으고, 이어서 바로 어려운 총선을 맨 앞에서 진두지휘했으니 얼마나 고단했겠는가.

우리는 서로를 가벼이 격려한 후, 곧장 정치 현안 이야기 속으로 빠져들었다. 21대 총선 패배도 같이 진단해 보고, 앞으로의 정치나

이후의 진로에 대해서도 얘기를 나누었다.

얘기를 나누다 보니 당시에 박형준 선대위원장은 정치를 그만둘 생각을 하는 것 같아 보였다.

그간의 정치현장 경험을 이론적으로 정리해 보고 싶어하고, 한편 그러기 위해서 해외에 연수를 나가는 것도 고려하는 듯 했다.

하지만 나는 그의 부산시장 출마의 필요성에 대해 설명하기 시작했다. 내 스타일대로 차분하게 설득했다. 그 자리에서 확답은 없었지만 그는 심각하게 고민을 하는 모습이 역력했다. 나는 그 날, 그가 출마할 수 있을 것 같다는 확신이 들었다.

그래서 그 미팅 이후, 나는 혼자서 독자적으로 움직이기 시작했다.

여러 가지 고민을 했다. 틀림없이 그가 조기에 출마를 선언할 경우 당내의 경쟁자들이 '박형준은 21대 총선 참패의 책임자' 라는 공격을 할 수 있다고 생각했다. 이를 방어하기 위해서는 당내에서, 특히 부산에서 박형준 후보의 부산시장 출마 당위성에 동의하고 지지하는 세력을 만들고 여론을 형성하는 것이 중요했다.

그 중에서 가장 신경을 쓴 것이 박형준 후보를 도와줄 수 있는 의원을 확보하는 것이었다.

첫 번째는 당시 부산시당 위원장을 맡고 있던 하태경 의원이었다. 하태경의원과는 특별한 인연이 있다. 80년대에 대학을 다니며 당시의 시대정신을 공유했었고, 서로 정치인이 되어서는 같은 나이인 탓에 친한 친구로서 지내고 있었다. 나의 자세한 제안에 대해 그는 이의 없이 시원한 동의를 하고 함께 하기로 했다. 첫 단추가 아주 잘 끼워졌다.

그리고 동시에 초선 국회의원 중에서는 황보승희 의원이 함께 하기로 했다. 그는 바른미래당 시절 나와 함께 활동을 하였는데 비슷한 정치성향과 가치를 공유하고 있었다. 그런 덕분에 나의 제안에 대해 특별한 이견이 없었다. 단, 그는 박형준 뿐만 아니라, 김세연 전 의원도 함께 후보군으로 추진해야 한다는 입장이었다. 하지만 김세연 전 의원이 부산시장에 뜻이 없다는 것이 나중에 알려지면서 자연스럽게 박형준 후보를 도울 수 있었다.

2020년 하반기에는 장제원 의원이 박형준 후보를 돕기로 했다. 사실 장제원 의원의 박형준 후보 지원은 큰 의미를 가진다. 부산의 3선 의원 중에서 존재감과 발언력이 아주 컸기 때문이다. 당시에 장제원 의원은 '부산혁신포럼'이라는 싱크탱크를 만들고 있었다. 세간의 사람들은 장제원 의원의 부산시장 출마 준비로 인식하고 있었기 때문에 출마를 접고 박형준 후보를 돕는다는 것은 놀라운 일이었다. 어쨌든 이런 결과가 도출되기까지 참으로 많은 소통이 있었다.

이렇게 해서 '박형준 부산시장 카드'에 대해 영향력 있는 국회의원들의 공감대와 컨센서스를 신속하게 얻어낼 수 있었다.

나중에 이를 두고 박형준 후보는 기자들에게 "가만히 있는 사람을 이 사람(이성권)이 출마하라고 해서 나오게 됐다."며 농담 삼아 얘기하곤 했다.

박형준 시장과의 인연

나와 박형준 부산시장과의 첫 번째 인연은 학생운동이었다. 이 인연은 박형준시장은 60년생으로 고려대학교, 나는 68년생으로 부산대학교를 다녔기 때문에 한번도 만난 적도 없는 사이지만, 정신적인 혹은 가치적인 측면에서의 인연이다.

박형준 시장은 최루탄 파편 때문에 한쪽 눈이 실명이 될 정도로 열혈 학생운동가였다. 이론적인 측면에서는 당시 PD 그룹의 뛰어난 이론가였는데 내가 학생운동에 열심일 때는 박형준 선배의 쓴 글들을 읽으며 운동의 지침으로 삼기도 했다.

두 번째 인연은 17대 국회에서였다. 2004년 17대 국회에서 우리는 나란히 초선 의원이 되었고, 당내 소장개혁파로 지칭되던 '새정치수요모임'을 함께 했다. 열정에 찬 초선의원으로 당 안에서 함께 개혁파 활동을 했던 것이다. 원희룡, 남경필, 정병국, 권오을 의원들이 함께 했던 선배 의원들이었고, 김기현, 주호영 의원등 지금의 현역 중진의원들이 함께 했던 초선 동기들이었다.

그때 다른 초선에 비해서 박형준 의원은 뛰어난 역량을 발휘했다.

그는 진보성향의 학자임에도 불구하고 김영삼 정부 때 국정운영에 직접 참여한 경험이 있었고 YS 정부의 세계화 담론을 이끌었던 박세일 교수와 한반도 선진화재단에서 활동한 경력이 있었기 때문에 초선 의원으로서도 적극적으로 자기 역량을 펼칠 수 있었다.

세 번째 인연은 2007년 이명박 대선 캠프에서의 인연이다. 2007년 박근혜-이명박 대통령 후보 경선은 유례없이 격렬했다. 박형준 시장은 당시에 이명박 캠프에서 대변인을 맡고 있었고, 나는 이명박 후보의 수행실장을 맡았다.

이후 우리는 함께 이명박 정부의 대통령실에서 근무한 경력이 있다. 나는 공천을 받지 못해 국회의원이 될 수 없었고, 당시 박형준 시장은 공천을 받았는데 무소속 친박연대 바람이 불어서 떨어졌다.

이후 박형준시장은 바로 청와대에 들어가 홍보기획관과 정무수석을 했고 나는 그 시기에 코트라 상임감사를 맡았었다. 그리고 2년 지나서 대통령실에 들어가서 시민사회비서관을 역임했다. 이렇게 우리 둘 다 이명박 정부에서 국정 운영에 같이 참여한 경험을 가진 것이다.

이렇게 오랜 시간 같은 길을 걸어오며 우리는 중도 보수의 합리적인 가치관을 형성하고, 다른 듯 같은 경험을 공유했었다. 부산시장 보궐선거가 거의 확실해 졌을 때 때 곧바로 내 머릿속에 박형준을 떠올릴 수 있었던 것은 이런 배경이 있었기 때문이 아닐까.

'음해'와의 전쟁

이렇게 '박형준 시장 카드'를 만들었지만 당의 최종적인 후보가 되기까지는 험난한 과정을 거쳐야 했다.

다른 부산시장 주자들과 세력들이 캠프를 구성하면서 선거 준비를 시작하자 피 튀기는 경쟁이 본격화 되었다.

출마하고자 하는 후보가 많았다. 그도 그럴 것이 민주당 소속 시장의 성비위로 발생한 보궐선거인 만큼 국민의힘에 유리한 선거이기 때문에 너도 나도 뛰어 들었다. 민주당 역시 반성의 기미도 없이 후보를 내려고 했다.

매사가 그렇듯이 일단 1등 후보를 물고 늘어지는 것이 선거전략의 기본이 된다. 이 때문에 견제가 심하게 들어왔다. 견제를 넘어 '음해'였다. 자기의 당선을 위해 상대를 무참히 짓밟는 음해를 아무렇지도 않게 자행했다.

해운대 엘시티를 보유하고 있다고 해서 특혜분양으로 음해를 하는 것뿐만 아니라, 재혼가정의 감수성은 철저히 외면한 채 가족과 관련된 흑색선전 등 대략 10여건이 넘는 말도 안되는 음해들로 공격을 해대었다.

이 때는 이쪽 당도 저쪽 당도 없었다. 상대당인 민주당은 대놓고 좌파성향의 시민단체와 함께 당 대표까지 나서서 공격을 했다. 같은

당 안에서는 대놓고 할 수 없으니 공천관리위원들과 언론인을 대상으로 물밑에서 공격을 해대었다. 박형준 후보는 문제가 많으니 본선 후보가 되면 필패라는 말도 안되는 논리를 펴는 것이었다.

하지만 문제는 박형준 후보를 방어하는 목소리는 캠프 하나 뿐이지만, 박형준 후보의 경쟁자들은 많았기 때문에 공격하는 입은 여러 개라는 사실이었다. 스피커가 많고, 볼륨이 높으면 거짓도 사실로 인식될 수 있었다.

이대로 있다가는 둑이 무너질 것 같은 불안감이 들었다. 나는 스스로 나의 역할을 네거티브를 방어하는 것이라고 규정을 하고 캠프 내에 거의 머무르지 않고 외부 활동에 전념했다.

바로 심판자 역할인 공천관리위원회가 올바른 판단을 하도록 만드는 것이었다.

다행스럽게도 공천관리위원회의 위원들의 명단이 발표되었는데 아는 사람, 그것도 아주 가까운 사람들이 3명이 있었다.

특히, 내가 집중했던 것은 공천관리위원회 안에 꾸려진 '후보자 검증위원회'였다. 후보자 검증위원회가 각 후보자별로 제기된 의혹에 대해 어떤 판단을 내리는가에 따라서 그 후보의 운명은 결정나기 때문이었다.

이 책에서는 구체적으로 풀어놓을 수 없는 많은 일들을 했다.

최종적으로 후보로 선출되기 전까지 작은 의혹이 하나라도 불거지면 그 반대 근거와 논리를 자료를 만들어 서울로, 혹은 검증위 위원의 지역구 사무실로 혼자서 차를 몰고 가서 꼼꼼하게 반박하고 이해를 시켰다.

그 결과 최종적으로 후보자 검증위원회에서 박형준 후보에 대해서 문제가 없다고 공식적인 결론을 내렸다. 검증위원회의 결론이 나온 이후에는 공식적으로건 비공식적으로건 박형준 후보에 대해 음해를 하는 것은 일종의 해당행위로 간주되게 된 것이다. 그 결과 박형준 후보에 대해 가장 심하게 마타도어를 벌였던 어느 후보에 대해 공관위 차원에서 경고조치까지 하게 되었다.

검증위의 이런 결정이 나오고 난 이후부터는 박형준 후보의 능력과 장점이 본격적으로 빛을 발휘하기 시작했다. 그쯤부터 각종 언론사들이 조사하는 여론조사에서 독보적인 1위를 달리기 시작했다. 파죽지세라고나 할까. 그 힘은 당내 후보로 선출되고 본선까지 이어졌다.

그 결과 박형준 후보는 재보궐선거에서 역대 부산시장 당선자 중에서 최고 득표수인 961,576표(62.67%)로 당선되었다. 한마디로 사이다 같은 승리였다.

경제부시장 대신 정무특보를 맡다

부산시장 당선이후, 박형준 후보는 내게 정무특보를 맡아 달라고 했다. 그 이유는 당시의 정치적 상황 때문이었다. 보궐선거로 당선이 되면 오거돈 전 부산시장의 잔여 임기를 마쳐야 하는데, 그 당시 47명의 부산 시의원 중 42명이 민주당 의원이고 16명의 부산 구청장, 군수 중에서 13개 지역이 전부 민주당인 상황이었다. 더구나 중앙정부도 문재인정부였다.

유일하게 광역단체장인 박형준 시장만 국민의힘 소속이었다. 망망대해에 홀로 남은 배처럼 고립된 정치환경이었다. 이 상황 속에서 박형준 시장의 체제가 안정적으로 굴러가기 위해서는 결국 정무특보의 역할이 중요할 수밖에 없었다.

그래서 내심 경제부시장으로서 시정의 한 축을 담당하고 싶은 마음은 꿀떡 같았으나 박형준 시정의 성공을 위해서는 자신의 욕심을 내려놓아야 했다.

정무특보, 맞춤형 옷이었다

정무특보. 나에게 잘 맞는 옷이라고 생각했다. 나는 나와 다른 생각을 가진 사람들과 대화하기를 좋아하고, 이견을 조율해서 가급적

정무특보 임용장 수여식

합의점을 찾아나가는 것에 잘 발달되어 있다고 스스로 생각을 해왔다. 특히 과거에 이명박정부에서 시민사회비서관을 하면서 진보 보수를 가리지 않고 시민사회와 소통을 하며 국정운영에 조금이라도 도움이 되도록 한 경험을 가지고 있었다.

민주당 중심의 시의회 역시, 구성원은 학생운동, 시민운동, 노조운동, 야당 정치운동 등을 해 온 사람들이 다수였다. 한마디로 빡신 사람들이었다. 그래도 즐거운 마음으로 협치를 할 준비가 되어 있었다.

그래서 시간이 좀 걸릴지라도 협력적인 정치와 행정의 문화를 만들기 위해 노력했다.

곰곰이 생각해 보았다. 어떻게 하면 민주당 주도의 의회와 협치가 가능할까. 그런데 갑자기 눈에 띄는 움직임이 있었다. 시의회와 부산의 모언론사가 함께 역대 시정에서 풀지 못한 장기표류 사업들을 발굴하고 해법을 모색한다는 것이었다. 그리고 당시 시의회의 신상해 의장이 부산시에 장기표류 과제 해결을 위한 협치를 제안한 것이다.

박형준 시장이 바로 수락을 했다. 그리고, 5월 10일에는 박형준 시장, 신상해 의장, 하태경 국민의힘 시당위원장, 박재호 민주당 시당위원장이 '협치 기반의 시정 현안 공동대응을 위한 여야정 협약식'을 맺게 되었다.

이제 중요한 것은 강력한 추진체계를 만들고, 장기표류과제를 선별해 내고 하나씩 해결해 가는 것이다. 여기서부터 본격적으로 내 역할이 시작되었다.

나는 강력한 추진체계를 위해서 부산시에서는 정무특보가, 그리고 시의회에서는 양당의 원내대표가, 그리고 양 정당에서는 부산시당의 사무처장이 참여하는 '현안 신속추진 실무추진단'을 꾸렸다. 이렇게 구성한 이유는 모두가 함께 책임을 지자는 취지였다. 합의가 이루어지기 전까지는 치열하게 싸워도 일단 합의 후에는 누구도 발을 뺄 수 없는 것이다.

그리고 곧바로 5월 20일 첫 회의를 시작으로 총 6회에 걸친 실무논의를 통해 12개의 장기표류과제를 선별해 12월 20일 시민들께 발표하였다.

선별된 장기표류 과제들은 집중적인 협치를 통해서 상당 부분 해결되었다.

'시청 앞 행복주택'은 오거돈 시장 시절 사업 변경으로 인해 중단되는 사태가 발생했지만, 부산시-시의회-연제구-국민의힘-민주당 등 5자간 업무협약을 체결해서 다시 순조롭게 공사가 진행되게 되었다. 그리고 '구)한진CY 사전협상 추진'은 여야정의 공통된 의견으로 총 2,800억원 규모의 공공기여를 확보하는 성과를 남기며 해법을 찾게 되었다. 그 외 주민수용성 문제가 가장 중요한 문제인 '해운대 앞 해상케이블카 사업'과 '청사포 해상풍력 발전단지 조성사업' 은 타당성 조사 등의 과정을 거쳐서 결론을 내림으로써 주민갈등을 해소하였다.

나는 이 작업에 대해서는 지금도 남다른 애착을 가지고 있다. 서로 다른 정치적 욕망을 가진 정당과, 집행부를 견제하는 책무를 가진 의회가 집행부와 함께 공동작업을 통해 시정의 장기표류 과제를 해결했다는 것은 엄청난 의미를 가진다.

점점 더 극단화 되어가고 있는 대결의 중앙정치 무대에서 적극적으로 반영할 만한 가치가 있기 때문이다.

부산의 미래를 위한 스케치, 인수위 참여

2021년 3월 초박빙의 승부로 윤석열 후보가 대통령선거에서 당선되었다. 그 순간 국민의 힘은 야당에서 여당으로 전환되었다. 박형준 시장 역시 여당 시장이 되었고 박형준 시정의 정치적 환경이 급변한 것이다.

박형준 시정 2기인 민선 8기와 윤석열정부의 임기가 완벽히 겹친다. 박형준 시정의 성공을 위해서는 윤석열정부의 국정과제에 부산의 미래 그림을 반영시키는 것이 중차대한 과제로 다가왔다.

대선 투표일을 1주일쯤 앞둔 어느날이었다.

박형준시장, 장제원의원, 그리고 나 이렇게 3명이 시내 모처의 식당에서 저녁을 함께 했다. 선거 추세상 윤석열 후보의 당선이 유력시 되었기에 선거캠프에서 가장 핵심적인 역할을 했던 장제원 의원의 입장에서는 당선자의 인수위 구성과 운영, 그리고 5년간의 국정운영에 대한 노하우를 박형준 시장으로부터 듣고자 하는 열의에서 마련되었다. 박형준시장은 이명박 대통령 인수위원회에서 기획위원을 지내고, 바로 청와대에서 홍보기획관, 정무수석을 지냈기 때문에 조언을 하기에는 경험과 지혜가 가장 많은 적임자였다.

한편 박형준 시장의 입장에서는 민선8기 시정의 성공을 위해서는 윤석열정부의 적극적인 지원이 필수적이었다.

여기에 풀어놓기에는 모자랄 정도로 많은 얘기들이 오고갔다. 서로 윤석열정부의 성공, 박형준 시정의 성공을 위해서 지혜를 짜내었다.

박형준시장은 부산발전을 위해 핵심적인 몇가지를 제안했다.

2030 부산엑스포를 국정과제로 채택할 것, 그리고 그것을 실현하기 위해서는 우선 '대통령직 인수위원회'에 '엑스포 유치 TF'를 만들어야 함을 요청했다.

그리고 인수위원회에 부산을 잘 아는 부산 출신들을 많이 참여시켜 주길 요청했다. 특히, 박형준 시장의 경제특보를 지내고 선거캠프에 합류했던 박성훈 전 경제부시장을 콕 집어서 인수위 참여를 요청했다.

또한 선거 때 윤석열 후보의 부산 핵심공약이었던 산업은행 부산이전은 꼭 국정과제로 채택되어야 함을 강조했다.

이에 대해 장제원의원은 적극적인 수용의사를 나타냈다.

하늘은 스스로 돕는 자를 돕는다고 했던가.

윤석열후보가 당선되자마자 당선인 비서실장을 발표했다. 윤석열정부의 성공과 박형준 시정의 성공을 위해 머리를 맞대었던 장제원의원이 당선인 비서실장이 된 것이다.

게다가 부산 남구의 박수영의원도 당선인 비서실 특별보좌관역과 인수위 기획조정분과 위원으로 참여하게 되었다. 그리고 이후에 박성훈 부시장까지 당선인 경제보좌역으로 참여하게 되었다. 첫 출발이 좋았다.

이제 남은 것은 인수위원회 내에 '2030 부산엑스포 유치 TF'를 꾸리는 것이다.

누구를 참여시킬 것이며, 어떤 방식으로 운영할 것인가에 대해 당선인 비서실장의 역할을 수행하기 시작한 장제원의원과 거의 매일 소통하면서 하나씩 완성해 나갔다.

장제원 비서실장은 엑스포유치 TF의 인수위 내에서의 위상을 최대한 높이기 위해서는 관련 기관의 다양한 참여뿐만 아니라, 부산의 목소리를 최대한 반영할 수 있도록 해야 하는 원칙을 제시했다.

이 방침에 따라 부산시에서는 부시장급인 나와 국장급 2명이 참여하고, 국회에서는 이헌승, 전봉민, 이주환, 안병길 등 부산 의원들이 주축이 되고, 정부에서는 산업부와 외교부의 국장급이 참여하게 되었다.

사실 대통령직 인수위원회에 '엑스포 유치 TF'와 같이 국제행사 유치를 위한 별도 기구를 설치하는 것은 극히 이례적인 일이다. 이것은 이미 당선인 신분이었던 윤석열 대통령의 엑스포 유치에 대한 열정이 상상을 초월할 정도로 컸다는 것을 의미하고, 중간에 장제원 의

국제신문

정치권-부산시 '합동작전' 지역현안 국정과제화 이끌어

- 장제원, 인수위 엑스포TF 관철
- 박형준, 尹 만나 균형발전 설득
- 현역 의원들 연일 인수위 압박
- 이성권, 서울 머물며 입장 조율

정치권과 부산시의 '협업'이 새 정부 국정과제에 부산엑스포유치 등 지역 현안이 반영되는 강력한 동력으로 작용했다는 평가가 나온다. 특히 고비마다 장제원 대통령 당선인 비서실장, 박형준 부산시장, 이헌승 박수영 의원, 이성권 시 정무특보, 하형주 동아대 교수의 역할이 컸다.

정치권 | 부산시

장제원 실장 이헌승 의원 박수영 의원 박형준 시장 이성권 특보

장제원 비서실장은 지역 현안 추진의 '총괄'을 맡았다. 대통령직인수위원회에 엑스포유치 태스크포스(TF) 구성 아이디어를 처음 제기해 관철했다. 인수위 내 TF설치는 새 정부에서 엑스포유치가 핵심 과제로 인식되는 효과를 가져왔다. 또 장 비서실장은 광역단체장으로서는 처음으로 박형준 부산시장이 윤석열 대통령 당선인과 면담을 가지도록 가교 역할을 했다. 장 실장은 KDB산업은행의 부산 이전에 대한 윤 당선인의 강한 의지를 여러 차례 대신 전달하며 수도권 금융계의 반발을 정면 돌파하기도 했다.

박형준 시장도 장 실장이 깔아놓은 멍석을 십분 활용했다. 윤 당선인과 만나 지역균형발전이 새 정부의 국정 기조의 중심이 돼야 한다고 설득했다. 또 부울경 메가시티 성공이 국가발전과 직결된다며 김병준 인수위 지역균형발전특별위원장에게 새 정부의 지원을 거듭 요청했다.

이헌승 의원은 3선 의원의 정치력을 십분 발휘했다. 엑스포TF팀장을 맡은 그는 엑스포 지원 조직 격상, 55보급창 이전 등 여러 부처에 걸친 민감한 현안을 모두 테이블에 올리며 엑스포가 국가적 현안이라는 점을 상기시켰다. TF활동 중반 엑스포유치의 국정과제 포함에 난기류가 형성되자 이주환 전봉민 의원 등 TF위원들과 함께 원희룡 인수위 기획조정분과 위원장을 직접 찾아가 국정과제 반영을 강력하게 촉구했다.

박수영 의원은 이태규 의원을 대신해 인수위 기획조정분과 위원으로 참여, 막판 부산 현안들이 국정과제에 반영되는 데 힘을 실었다.

인수위 지역균형발전특위 위원인 하형주 동아대 교수도 특위 회의에서 부산 현안이 국가적인 중요성을 가진다는 점을 적극적으로 알렸다.

이성권 시 정무특보도 엑스포TF위원으로 참여하며 부산시와 정치권의 입장을 조율하고, 시의 의견이 TF에 반영되는 데 역할을 했다. 이 특보를 비롯해 조유장 관광마이스국장(엑스포TF), 심재민 기획관(지역균형발전특위) 등 인수위에 파견된 시 직원들도 인수위 주변에서 숙식을 이어가며 지역 현안 반영에 노력했다.

새 정부 국정과제 반영 현황 백브리핑

원이 소통을 원활히 하고 있었다는 것을 반증한다.

한편, 대통령직 인수위원회에 '엑스포 유치TF'를 설치한 것은 우리 부산으로 보았을 때는 '신의 한수'였다. 왜냐하면 엑스포 유치를 국정과제에 넣었을 뿐만 아니라, 부산의 주요 현안 사업을 국정과제에 상당 부분 담았기 때문이었다.

산업은행 부산 이전은 별도의 국정과제로 담겼고, 가덕도 신공항 조기개항과 북항 재개발은 실천과제로 담기게 되었다. 나를 비롯해서 엑스포 유치TF에 참여한 공무원들은 엑스포를 명분으로 해서 부산의 주요현안을 국정과제에 반영시키는 특공대 역할을 성공적으로 수행했던 것이다.

국정과제 채택을 위한 장애물 제거

엑스포 유치 TF가 구성되고 실무위원으로 참여한다고 해서 부산 현안이 국정과제에 자동으로 반영되는 것은 아니었다. 가시밭길과 절벽과 같은 장애물이 나타났다.

가장 큰 장애물은 중앙부처의 관료적 발상이었다.

그리고 이것을 깨고 장애물을 넘었던 것은 정치적 결단이었다.

우리가 주축으로 활동했던 '엑스포유치 TF'는 인수위원회 외교분과에 편성되었다. 이 외교분과에는 엘리트 의식이 가장 강한 외교부 출신들이 주축이었다. 그들은 “엑스포라는 일회성 국제행사를 국정과제로 채택한 경우는 역대 어느 정부에서도 없다.”, “엑스포 개최는 윤석열정부의 임기 2년차에 결정이 나는데, 만일 유치를 못하게 되면 국정과제로서의 의미가 없다.”는 등 전형적인 형식주의와 패배주의적 발상으로 접근을 하며 국정과제 채택에 반대를 했다.

하지만 당시 당선인 비서실장인 장제원의원, 당선인 특별보좌관역인 박수영의원의 도움을 받아 이례적으로 엑스포유치를 국정과제에 포함시키게 되었다.

엑스포유치를 국정과제에 포함시키게 되자, 윤석열정부에서의 유치를 위한 세부적인 계획이 큰 저항없이 설계되었다.

기존의 민간 성격의 재단법인 엑스포유치위원회를 총리 직속의 유치위원회로 전환하고, 대통령실에 엑스포 전담 비서관(미래전략비서관)을 설치하고 그 자리에 부산시 전임 경제부시장이 가게 되었다. 그리고 대한상공회의소를 공동유치위원회로 만들어서 민관합동의 추진역량을 모을 수 있게 되었다.

엑스포유치를 국정과제에 담는데도 약간의 우여곡절이 있었지만, 산업은행 이전의 국정과제화 역시 순조로운 것은 아니었다.

하마터면 빠질 뻔 한 산업은행 부산 이전

산업은행 부산 이전 문제는 인수위 내에 경제분과에서 다룰 문제였다. 그런데 국정과제 발표를 앞둔 최종정리 단계의 어느 날이었다. 경제분과에서 작성하고 있는 국정과제에 산업은행의 부산이전을 국정과제에서 빼는 것으로 가닥을 잡고 있다는 첩보를 입수한 것이다.

나는 바로 장제원 비서실장을 찾아갔다. 비서실장실 테이블에 앉자마자 바로 본론으로 들어갔다.

"산업은행 부산이전이 이대로 국정과제에서 빠진다면 부산의 미래구상에 상당한 먹구름이 낄 수 있다. 비서실장께서 좀 나서달라!"고 적극 요청했다.

그러자 장제원 비서실장은 바로 경제1분과의 간사를 맡고 있던 기획재정부 1차관 출신의 간사를 호출했다. 내가 있는 그 자리에서 장제원 의원의 특유의 저돌성이 나왔다.

"당선인이 선거 때마다 부산에 가서 부산시민들 앞에서 약속한 사안이다. 산업은행 부산 이전은 대한민국 균형발전에 중차대한 사안이다. 대한민국의 수도권 일극주의를 극복하고 지방시대를 열기 위해서 절대적으로 필요한 것 아닌가. 윤석열 당선인은 지방이 골고루 잘 사는 그런 국가를 만들겠다고 약속까지 했는데 윤석열 정부의 5

년에 국가 비전을 설계하는 인수위에서 산업은행의 부산 이전을 어떻게 뺄 수 있는가." 하며 그 자리에서 간사를 몰아붙였다.

그러자 간사는 바로 그 자리에서 "비서실장님 여러 가지 논의 끝에 아직 최종 결정은 난 상태는 아니니까, 일단은 국정과제 안에 넣도록 하겠습니다."라고 말하며 바로 꼬리를 내렸다.

내가 있는 바로 그 자리에서 간사가 책임지고 국정과제에 반영하기로 약속을 했고, 결과적으로 산업은행의 부산 이전이 국정과제에 반영되었다.

대통령직 인수위원회 '2030 부산엑스포 유치 TF'에 참여하면서 내가 느낀 것은 국가운영의 혁신적인 변화를 위해서는 정치 주도가 절실하다는 것을 절감했다. 관료들의 손으로는 수도권 일극주의와 지방소멸의 위기에 빠진 대한민국을 구해내기는 어렵다는 것을 다시 한번 깨달았다.

경제부시장이 되다

2021년 보궐선거 이후 1년여 만에 치러진 2022년 6월 지방선거는 국민의 힘의 승리로 마감되었다. 박형준 시장도 보궐선거보다 더욱 높은 지지율로 승리했다. 국민의힘은 시의회에서 47명 중에서 45명의 의석을 확보했고, 16명의 구청장 군수를 싹쓸이 했다. 그리고 지방선거 전에는 윤석열정부가 출범을 한 상황이었다.

부산시 경제부시장 임용장 수여식에서 박형준 부산시장과 함께.

격세지감이라고 할까. 재보궐선거로 당선되었을 때만 해도 고립무원의 처지였는데, 이제 눈만 돌리면 전부 같은 정당 소속의 정치환경이 만들어진 것이다.

그래서 나의 역할은 다시 변화되었다. 투표일 1주일쯤 남겨놓고 선거 종반전을 치달을 때쯤 박형준 시장이 불렀다. 선거가 끝나고 나면 경제부시장을 맡아달라는 것이었다. 공식적 발표는 당선 후 6월 8일 발표되었지만 이미 마음의 준비를 하라는 것이었다.

박형준 시장과 나와의 관계에서 발생한 '보은'의 성격이 아니라,

변화된 정치환경이 나의 역할을 변화시킨 것이라고 나는 해석한다.

나를 내정하고 발표한 보도자료에 나온 박형준 시장의 멘트가 이를 잘 증명한다.

"민선 8기 부산시 경제부시장은 2030세계엑스포 유치를 비롯해 가덕도 신공항 조기 개항, 산업은행과 한국수출입은행 부산 유치 등 정부와의 가교역할이 그 어느 때보다 강하게 요구되는 자리다. 이성권 정무특보가 그동안 보여준 중앙정부, 국회와의 네트워크와 부산시 경제정책에 대한 높은 이해가 부산의 경제 현안을 풀어내는데 핵심적인 역할을 해 온 만큼 차기 부산시 경제부시장으로서 손색없는 최고의 적임자이다."

정무특보를 거쳐서 경제부시장이 되었다. 둘러 온 것 같지만 바로 왔다. 비록 국회의원, 코트라 상임감사, 청와대 비서관, 그리고 일본에서의 총영사 등 다양한 공직을 골고루 거쳤지만, 부산시 행정의 다양한 분야에 대해서는 경험이 일천했기 때문에 정무특보라는 자리를 거치면서 대부분 파악할 수 있었다. 더 많은 자양분을 축적하고 경제부시장이 되었다고 지금도 생각하고 있다. 바로 경제부시장을 맡기지 않고 정무특보부터 거치게 한 박형준시장의 혜안에 항상 감사하는 마음이다.

언론을 통한 시정 설명

물가점검회의

소상공인 간담회

청년 인구 유출 방지 방안 비상경제대책회의 결과 브리핑

워케이션 활성화를 통한 지역 ICT산업 육성 업무협약

엑스포 유치를 위한 도전과 좌절

박형준 시장의 특명 - 글로벌 스타를 잡아라

2021년 6월 정도였다. 엑스포 유치 신청서를 BIE에 제출하고 본격적으로 유치전에 뛰어들 시기였다. 이때만 하더라도 '코리아' 하면 대부분의 세계인들이 '서울'을 떠올리지만 '부산'을 잘 모를 시기였다.

엑스포 유치를 위해서는 개최도시 '부산'의 존재를 알리는 것이 필수적이었다. 세계인들이 '부산'도 모르는데 부산에 엑스포를 유치한다고 하면 마음에 와닿겠는가. 부산에 대한 인지도를 올리는 것이 부산 엑스포 유치 전략에 있어서 중요할 수밖에 없었다.

그러기 위해서 가장 유효한 수단은 무엇인가?

박형준 시장은 글로벌 스타를 홍보대사로 위촉해서 단기간에 '부산'의 매력을 알리는 전략을 채택했다. 그리고 나에게 특명을 내렸다. '오징어게임'의 이정재 배우 혹은 BTS와 같은 세계인으로부터 사랑받는 스타를 찾으라는 것이었다.

부산에서 영화 '헌트'를 촬영중인 '이정재' 배우를 만나다

우연인가 필연인가.

이정재 배우가 부산에서 영화 '헌트'를 촬영중에 있었다. 몇달간 부산에서 먹고 자면서 촬영을 하고 있었던 것이다. 문제는 아무리 국가를 위한 일이라고 하더라도 이정재 배우에게 다짜고짜 접근하기로는 존재가 너무 높았다.

궁하면 통한다고 했던가.

부산에 소재한 한국해양진흥공사의 상임감사직을 맡고 있는, 20년 친구인 마당발 황성민이 이정재 배우와 깊은 인연을 가진 선배가 있다며 만남을 주선해 주겠다고 했다.

얼마 지나지 않아 그로부터 연락이 왔다. 이정재 배우가 흔쾌히 만나겠다는 것이다.

2021년 6월 9일 해운대 벡스코 앞 호텔 일식당에서 이정재 배우와 단둘이 마주앉았다. 많은 얘기들을 나누었다. 엑스포의 중요성과 부산 유치의 의미, 영화도시 부산의 가치, 메타버스와 영화산업과의 관계, 영화 '헌트'에 대한 설명 등등.

이정재 배우는 엑스포 제1호 홍보대사 제안에 대해 아주 긍정적으로 수락해 주었다. 그 이유는 국익에 큰 도움이 된다는 것을 잘 알고 있기 때문이기도 했지만, 그보다는 박형준 시장에 대한 '찐팬'이었기 때문으로 나는 해석한다.

그는 영화작업 때문에 TV를 볼 시간이 많지는 않지만 '강적들', '썰전'과 같은 정치시사프로를 자주 보는데 패널로 나온 박형준시장에 매료되었다고 한다. 극단적이지 않고 합리적이고 객관적으로 세상을 바라보고 구체적인 대안을 제시하는 모습이 여느 정치인과 달랐다는 것이다.

그래서 흔쾌히 돕겠다는 것이다.

다만 배우 개인의 수락으로 끝나는 것이 아니라 회사 차원의 동의가 필요했다. 그래서 회사를 방문해서 담당 임원을 만나 엑스포의 역사와 의미, 가치, 부산 유치 필요성에 대해 직접 프리젠테이션을 하고 동의를 구했다.

이렇게 해서 엑스포 홍보대사 1호의 첫 단추가 끼워졌다.

BTS를 홍보대사로

엑스포 홍보대사로 위촉했을 때 효과가 가장 큰 존재는 역시 BTS라고 할 수 있다. 하지만 접근하기에는 '넘사벽(넘을 수 없는 사차원의 벽)'이라고 하지 않을 수 없었다. 감히 어떻게 BTS에게 홍보대사를 부탁할 수 있을까. 그 정도로 만질 수도 쳐다볼 수도 없는 존재처럼 여겨지고 있었다.

그런데 이 문제도 가까운 곳에서 풀렸다.

평소 친형보다 더 가깝게 지내는 K씨가 BTS가 소속된 기획사 '(주)하이브'의 방시혁의장의 복심인 임원과 너무나 가까운 사이었던 것이다. 그 K는 그 임원을 통해서 방시혁 의장에게 BTS의 홍보대사 위촉 의사를 전달했다. 방시혁 의장은 긍정적인 신호를 보내왔다.

하이브와 부산시 간의 본격적인 협의가 시작되었다. 하이브측은 박지원 대표가, 그리고 부산시에서는 내가 창구가 되어서 논의를 시작했다. 일단 BTS가 홍보대사를 수락하기 위해서 넘어야 할 과제가 있었다. 그것은 BTS에 소속된 아티스트 7명 전원이 수락하는 것이다. BTS가 하이브 소속이라 하더라도 회사가 마음대로 결정할 수 없었다. 아티스트 한명 한명의 견해가 우선이었다. 다행히 아티스트 전원이 수락을 해 주었다. 구름 낀 하늘에 한줄기 광명이 비치는 것처럼 기쁜 소식이었다.

이제 남은 것은 엑스포 유치를 위해서 BTS가 할 수 있는 일들을 합의하는 일이었다. 기획사 '하이브' 뿐만 아니라 BTS 멤버들은 홍보대사를 맡은 만큼 최선을 다해 돕고자 했다. 많은 합의가 있었지만 그 중에서 단연 돋보이는 것이 부산에서 엑스포 유치를 위한 '글로벌 콘서트'를 개최하는 것과 BIE에서의 3차 경쟁 PT에서 역할을 수행하는 것이었다.

이런 내용을 담아서 드디어 2022년 6월 24일 부산시청에서 ㈜하이브의 방시혁 의장과 박지원 대표가 참석해서 박형준시장과 '2030 부산세계박람회 유치 협력을 위한 양해각서(MOU)를 맺게 되었다. 그로부터 한달 뒤인 7월 19일에는 ㈜하이브 본사에서 BTS의 홍보대사 위촉식이 열렸다. 위촉식에는 박형준 시장뿐만 아니라 한덕수 국무총리, 최태원 대한상의 회장까지 참석해서 최대한 BTS를 예우했

2030부산세계박람회 홍보대사 이정재씨와 함께.

BTS 홍보대사 협약식(방시혁 의장, 박형준 시장, 박지원 대표)

다. 그리고 이 장면은 BTS의 공식 채널을 통해서 전 세계로 나갔다. 이미 BTS는 홍보대사로 위촉되는 날부터 부산엑스포 홍보 최전선에 뛰어든 것이었다.

그리고 4개월 뒤인 10월 15일 부산의 사직 아시아드 주경기장에는 전 세계에서 온 6만여명의 아미(BTS 팬클럽)가 객석을 가득 메웠다. 이날 공연은 다양한 매체의 스트리밍을 통해서 전세계로 중계되었고 조회수만 해도 10억뷰가 넘었다고 한다.

한달 뒤인 11월 29일 프랑스 파리 BIE 총회에서 BTS는 영상 메시지를 통해서 부산의 매력을 다시 한번 더 알렸다. BTS 덕분에 개최지 '부산'을 전 세계인에게 알린 날들이었다.

벌써 1년이 더 지난 시간이 지났지만 지금 생각만 해도 꿈같은 일들이다. 세계적 스타 BTS와 이정재 배우가 우리 부산의 엑스포 유치를 위해서 함께 뛰었다는 그 사실만 하더라도 감동이 계속 밀려온다. 비록 엑스포 유치에는 실패했지만, 함께 꿈꾸었던 그 미래는 사라지지 않을 것이다. 이정재 배우와 BTS에 진심으로 감사하다.

엑스포 - 끝나지 않은 부산의 꿈

엑스포 유치가 불발로 끝났다.

119표(사우디아라비아) 대 29표(한국)라는 결과가 충격을 주었다. 나 역시 마찬가지였다. 투표가 진행되는 시간 동안 시민들과 함께 부산시민회관에서 응원전을 하며 충격적인 순간을 맞이했다. 새벽 2시까지 그 장소를 떠날 수 없었다.

1차 투표에서 2위를 하고, 2차 투표에서 역전이 가능하다는 시나리오를 믿었던 많은 사람들에게 1차 투표 성적표는 너무나 큰 충격이었다.

그런 만큼 냉정한 평가와 반성이 필수적이다.

시험을 치르고 나서 오답문제를 다시 풀지 않으면 다음에도 똑같은 문제를 틀릴 수밖에 없다. 그런데 아쉽게도 지금의 분위기는 총선을 앞두고 있어서인지 정치적 공격의 소재로 삼거나 패배주의적 입장에서 애초부터 안되는 걸 왜 했냐는 등의 비판을 위한 비판 일색이다.

가장 경계해야 할 게 정권에 대한 공격수단으로 삼아서는 안 된다는 점이다. 평창 동계올림픽만 하더라도 노무현정부 시절에 2번 도전해서 이명박정부에서 유치하고, 문재인정부 때 개최되었다. 아무도 유치에 실패해도 노무현정부를 비난하지 않았다. 원래 국제행사 유치라는 게 혼자서 기록을 내는 게임이 아니라 상대가 있는 게임이다 보니 유치할 수도 있고 못할 수도 있는 것이다. 그 결과만을 놓고 정치적 비난을 높여서는 안되는 이유다.

부산엑스포 유치 역시 윤석열정부가 독점하고 전유했던 사업이 아니다. 2014년 박근혜정부 때 서병수 당시 부산시장이 유치선언을

엑스포유치활동-주한외국대사 초청오찬

엑스포유치활동-아시아정당회의

부산엑스포포럼

엑스포 유치활동 - 런던 주재 BIE대사 초청오찬

엑스포유치 해외출장-파나마

하면서 시작해서 2019년 문재인정부 때 국가사업으로 확정했다. 그리고 윤석열정부 때 유치가 결정이 나는 시점을 맞이한 것이다. 모두들 함께 노력하고 함께 고생했다. 그런데 결과가 좋지 않다고 특정 세력만 비판해서는 아무런 교훈을 얻지 못하게 된다.

그렇기 때문에 우리는 실패는 했지만 우리가 함께 획득한 성과가 무엇인지부터 공유하고, 반성해야 할 점들을 찾아야 할 것이다.

우리는 과연 얻은게 없는가

그렇지 않다. 많은 걸 얻었다.

우선, 경제적 효과로 수치화 될 수 없는 무형의 자산으로서 국민적 역량과 에너지를 모았다는 점이 가장 큰 성과라고 할 수 있다.

정치적/이념적 차이로 인한 불신과 갈등, 경제 정체로 인한 비관주의 만연, 코로나19를 거치며 형성된 불안감과 박탈감 속에서도 "우리는 할 수 있다"는 자신감으로 하나가 되었다. 국민과 정부, 부산시, 국회, 기업들이 하나로 뭉친 전기가 되었다. 이 점을 엑스포의 성과로 인정한다면 이 에너지를 다른 긍정적 방향으로 증폭시켜 이용할 수 있지만, 실패한 결과만 본다면 애써 응축된 에너지는 하루아침에 물거품처럼 사라질 것이다.

두 번째 성과는 대한민국의 글로벌 리더십과 비젼을 국제사회에 알렸다는 점이다. 이번 유치과정에서 우리가 가장 주안점을 두었던 점은 세계박람회기구(BIE)에 가입한 회원국의 2/3에 달하는 개발도상국에게 희망을 주는 것이었다. 즉 한국전쟁 이후 최빈국이었던 나라가 선진국으로 도약한 유일한 나라인 만큼 그 노하우와 경험을 개발도상국과 공유해서 다 함께 잘 사는 국제질서를 만들겠다는 비젼(부산 이니셔티브)을 제시했다. 비록 표로는 연결되지 못했지만 이번에 뿌린 씨앗이 이후 다른 국제행사 혹은 국제기구의 요직에 대한 선거에서 반드시 표로 돌아올 것이다.

세 번째 성과는 우리 기업의 외교역량이 향상되고 글로벌 비즈니스 기회가 창출되었다는 점이다. 과거 1988년 올림픽 유치에는 정주영회장이, 2002년 한일월드컵 유치에는 정몽준회장이, 2018년 평창동계올림픽 유치에는 이건희 회장이 선두에 서서 유치를 해내었다. 즉, 그 때는 특정기업의 오너가 중심이 되어 활동했지만, 이번 엑스포 유치 때에는 대한상의에 가입한 기업 전체가 함께 스크럼을 짜고 외교 전선에 뛰었다. 삼성, SK, 현대차, LG, 롯데를 포함한 대부분의 기업들이 유치 교섭활동 전면에서 뛰었다. 이들 기업들로만으로도 160개국에 800여회의 교섭활동이 이루어졌다. 이로써 이들 기업들에 엄청난 외교역량이 축적되었으며 앞으로도 국가적 차원의 외교자산으로 큰 역량을 발휘할 것이다. 그리고 개별 기업들에게도 전세계를 대상으로 한 비즈니스 기회를 만들었다.

네 번째 성과는 부산의 도시 브랜드의 가치가 급상승했다는 점이다. 엑스포 유치과정에서 부산의 매력을 한껏 내세웠다. 산과 바다와 강, 그리고 현대적인 도시가 어우러진 아름다운 도시 부산. 부산을 방문하는 각국의 정상과 장차관, 그리고 각종 비즈니스 관계자들의 입에서 극찬의 평가가 나왔다. 이렇듯 부산에 대한 국제사회의 평가가 높아진 것만 해도 큰 성과라고 하지 않을 수 없다. 세계적인 컨설팅회사인 영국의 지옌사의 세계스마트도시 평가에서 부산을 세계 19위, 아시아 3위로 꼽았는데 이는 서울보다 앞선 평가이다. 그리고 내셔널지오그래픽은 부산을 '숨이 막히도록 멋진 여행지 25곳' 중의 하나로 선정했는데, 이 역시 아시아에서는 유일하다. 부산의 브랜드 가치가 높아진 만큼 부산으로의 관광객도 늘고 투자도 증가하고, 부산 사람에 대한 신뢰가 향상되고, 부산에서 생산된 제품에 대한 구매도 늘어날 것이다.

다섯 번째 성과는 부산의 중요한 현안사업의 획기적 동력을 창출했다는 점이다.

부산을 명실상부한 글로벌 물류중심도시로 도약하기 위해서는 가덕도신공항의 조기 개항이 필수적인데, 문재인정부에서 2035년 개항으로 나왔던 사전타당성조사 결과를 엑스포 유치 성공을 위해서 2029년 개항 시기를 앞당긴 것만 하더라도 엄청난 성과이다.

그리고 엑스포 개최 예정지인 북항의 2단계 통합개발에 대한 예비타당성조사도 최단 시간에 통과되었다. 그뿐만 아니라 가덕도신공항에서 북항을 거쳐 해운대와 기장군 오시리아로 이어지는 차세대 급

행철도(BuTX) 사업도 사전타당성 검토용역도 완료되었다. 부산으로 봤을 때, 향후 10년간 진행될 중요한 인프라 사업들의 원활한 추진이 가능하게 된 것이다.

네 번째와 다섯 번째에 해당하는 부산의 글로벌 브랜드 가치의 상승과 인프라의 체계적 추진이 이루어지게 되면 수도권 일극주의의 한계를 극복하고 대한민국에 제2의 성장동력을 남부권에 구축하게 되어 국가균형발전에도 기여하게 될 것이다. 엑스포 유치는 불발했지만 이렇게 우리가 얻은 것은 결코 적지 않다.

왜 29표에 머물렀는가? 예측조차 할 수 없었나?

엑스포 결과의 가장 큰 의문은 어떻게 한국이 29표 득표에 그친 점과 예측조차 못한 점일 것이다. 다 지난 얘기지만, 여러 가지 원인이 복합적으로 작용했다고 본다. 절대 한 가지 이유만으로 설명될 수 없고, 그렇게 해석해서도 안 된다.

내가 생각하는 몇 가지 원인은 다음과 같다.

첫째는 실질적인 유치교섭 활동이 사우디보다 1년 늦게 시작했던 점이다.

부산엑스포 유치는 2014년 박근혜정부 때 서병수 부산시장이 유치선언을 하고 2016년에 140만에 가까운 시민들의 서명을 받으면서 열기가 고조되기 시작했다. 그러다가 박근혜 대통령 탄핵 이후 2017년 5월 문재인정부로 정권이 교체되었다. 그리고 2018년에는 오거돈 민주당 시장이 등장했다. 이 때 강서구 맥도를 엑스포 부지로 선정했던 서병수 전임시장의 계획을 바꾸어 북항을 엑스포 부지로 바꾸어 중앙정부에 신청했다. 2019년 5월 국무회의에서 문재인정부는 부산엑스포를 국가사업으로 확정지었다. 여기까지는 좋았다.

하지만, 문재인정부 때 부산엑스포 유치를 위한 추진체계를 대통령 혹은 총리 직속의 위원회라는 강력한 추진체계가 아니라 민간 성격인 재단법인의 유치위원회를 발족해버렸다. 이 위원회에 산업부, 외교부, 부산시 등 공무원들이 파견되었어도 민간기구의 성격을 가지다 보니 이 위원회에서 결정난 사항들이 관련 부처에서 따르지 않는 '고립된 활동'에 머무르게 되었다. 이 위원회의 대부분의 활동이 국내적인 준비에 치중하게 되었고, 투표권을 가진 개별 국가를 대상으로 한 실질적인 유치교섭 활동으로 나아가지 못했다. 게다가 2020년 4월에는 오거돈 시장이 성추행으로 사퇴하고 이듬해 박형준 시장이 보궐선거를 통해 들어오기 전까지 1년간 시정 공백까지 발생했다.

이런 사정으로 결국 사우디아라비아에 비해 실질적인 유치교섭 활동이 1년 뒤처지게 되었다. 그 부작용은 심대했다. 예를 들면 카리비안 연안 15개 국가들의 공동체인 카리콤(CARICOM)의 경우가 우리가 본격적인 유치교섭을 시작하기도 전에 이미 사우디아라비아에 대한 지지를 선언해 버린 상태였기 때문에 되돌리기에는 너무나 어려운 점이 있었다. 이런 나라가 한두개 국가가 아니었다. 그래서 윤석열정부 들어와 유치교섭을 나섰을 때의 판세가 1대9 혹은 2대8이었을 정도로 열악했다.

두 번째는 전략적 시나리오 자체가 너무 안이했다는 점이다.

1차 투표에서 2위를 하고, 2차 결선투표에서 역전한다는 시나리오인데 결과론적으로 보았을 때 이 시나리오는 성립하지 않았다. 이 전략의 전제는 사우디가 절대 1차 투표에서 2/3를 넘어서지 못해야 한다. 하지만 국제행사 유치전은 상대가 있는 게임이다. 절대적인 전제조건이란 없다. 사우디는 거액의 오일머니를 무기로 1차 투표에서 모든 것을 걸었다. 그리고 그것이 먹혀들었다. 우리는 1차 투표에서는 사우디를 지지하지만 2차 투표에서는 한국을 지지해주겠다는 국가를 많이 확보했다. 이런 나라가 많이 늘어날수록 우리는 역전의 가능성이 커진다고 해석했지만, 기실은 1차에서 승부가 나버리는 결과가 되어버린 것이다. 2차 투표까지 가기 위해서는 1차 투표에서 지지를 획득하기 위해 더 독하게 싸웠어야 했다.

세 번째는 국제사회가 '명분' 보다는 '이익(실리)'에 따라 움직인다는 것을 간과했다는 점이다. 이번 결과를 보면서 개별 국가들이 얼마나 이익에 민감하게 움직이는지 알 수 있다.

우리는 순진했다. 각 국가들이 김중배의 다이아몬드 보다 이수일의 사랑을 따를 것으로 기대했다. 그래서 우리는 '물고기' 보다는 '물고기 잡는 법'을 알려주겠다는 교섭전략을 폈다. 하지만 대부분의 국가들은 '물고기'를 선택했다. 각국 정부의 위정자들에게 당장 사우디로부터의 대규모 지원은 자신들의 정권기반을 다지는데 큰 자산이 되는 것이다. 물고기 잡는 법을 배워서 그 나라의 미래를 바꾸는 것은 아주 험난하고 당장의 결과가 기대될 수 없는 힘든 작업이다. 그래서 각 국가의 정부에게 우리의 제안에 대해 매력을 느끼지 않았을 수도 있다.

그런데 이런 우리의 문제가 있었다고 하더라도 도대체 왜 29표 밖에 안 나왔는가 궁금할 것이다. 내가 내린 결론은 사우디의 막판 사냥이 성공했다고 표현할 수밖에 없다.

엑스포 유치전에는 3단계의 흐름이 있었다고 분석한다.

첫 번째 시기는 부산엑스포 유치를 국가사업으로 확정 짓고 BIE 실사단을 맞이하기 전까지의 단계이다. 이때는 앞에서도 얘기한 것처럼 정부차원의 유치교섭이 사우디보다 1년 늦게 시작되었고 부산시도 시장 없는 공백기간이 지속되면서 사우디의 독점적인 무대였다. 이때 1대9 혹은 2대8의 격차가 난 상황이었다.

흐름의 반전이 발생한 것은 BIE 실사단의 부산 방문 때부터라고 생각한다.

4월 부산을 방문한 BIE 실사단은 충격을 받았다. 다른 경쟁도시

어디에서도 볼 수 없는 부산시민들의 열광적인 환영과 엑스포 유치를 위한 열망을 보고 그들은 '어메이징(감탄스럽고 놀랍다)'을 연발했다. 그리고 정부의 엑스포 유치 의지, 부산의 매력과 개최 역량, 국회와 기업까지 나서 지원하는 모습을 보고 그들은 '판타스틱', '퍼펙트' 등 극찬을 하고 BIE 회원국에게 회람하는 '실사보고서'에 가장 높은 평가를 매겼다.

그러면서 BIE 회원국들이 움직이기 시작했다. 한국 부산을 지지하는 국가가 하나 둘씩 나타나기 시작한 것이다. 그것은 엑스포 상황을 가장 잘 아는 BIE 사무총장의 발언에서도 여러차례 확인되기도 했다. 8월쯤에는 불안해진 사우디가 투표방식을 비밀투표에서 공개투표로 전환해 달라고 BIE 사무국에 요청하는 상황까지 발생했었다. 그 정도로 우리가 맹추격을 했던 것이 사실이었다. 이때 한국 지지로 확보된 국가는 적어도 50개국은 되었다.

회원국의 지지현황 분석은 5개 척도로 구분되어 관리했다. ▲한국 지지를 표명한 국가 ▲지지 유망 국가 ▲미정 국가 ▲경쟁국 지지 유망 국가 ▲경쟁국 지지 표명 국가 등 보다 객관적으로 관리했다. 여기서 한국 지지를 표명한 국가의 범주에는 정식적인 지지 서한 혹은 발언을 한 나라만 엄격하게 포함했다. 투표가 있는 11월 이전까지 50개국 안팎까지 올라왔다.

만일 지지 유망 국가를 잘 지켜내면 1차 투표에서 승부가 나지 않고 2차 투표로 넘어갈 수 있다고 판단할 만한 상황이었다. 그리고 탈락 가능성이 높은 이탈리아 표를 흡수하고, 여기에 1차에서는 사우

엑스포유치 해외출장-BIE대사 면담

디를 지지하지만 2차에서 한국 지지하는 국가를 늘려나가면 충분히 역전 가능하다는 시나리오가 나오게 된 것이다. 이 2단계 상태로만 지속되었다면 어느 정도 실현되었을지 모를 시나리오였다.

하지만 상대가 있는 게임인 만큼 사우디가 3단계 흐름을 만들어 내었다.

11월 28일 투표일을 한달여 앞두고 본격적으로 움직이기 시작했다. 우리가 전략적으로 중요하다고 생각하는 대륙과 국가들을 통째로 다 넘겨버렸다. 우리는 자유민주주의와 시장경제를 중시하는 유럽과 북미, 그리고 우리의 무상원조와 경제적 관계가 깊은 아시아권을 기반으로 하고 있었다. 여기에 아프리카, 태평양도서국가, 카리콤 등의 대륙을 전략적 승부처로 보고 엄청난 공을 들였다. 윤석열대통령이 직접 회의를 마련하기도 하고 장차관이 숱한 출장을 다녀오면서 하나둘씩 지지 국가를 확보했지만, 딱 한달을 남겨두고 사우디가 오일머니를 들고 판을 뒤집어 버렸다.

10월 말 아세안-OCC 정상회의, 11월 초 사우디-아프리카 정상회의, 11월 중순 사우디-카리콤 정상회의 등을 통해서 대규모 지원을 약속하며 판을 뒤집어버린 것이다. 한국 지지 29표라는 것은 대륙이 통째로 넘어갔다는 것을 의미한다.

심지어 사우디는 이삭줍기 방식으로라도 한국이 표를 가져갈 것을 우려해서 유례가 없는 일을 했다. 보통 BIE 총회에서 투표를 하는 사람은 각국에서 파견된 프랑스 파리 주재하는 BIE 대사들이 하는데, 이들 중 상당수의 대사들이 한국에 우호적이었다. 따라서 사우디를 지지하라는 본국의 방침과 달리 파리 상주 대사들이 한국에 투표할 것을 우려해 사우디는 각국 정부에 직접 본국 장차관급이 파리에 가서 투표할 것을 요구했고 그것이 이행되었다.

애초에 10여명에 불과했던 본국 투표자가 최종적으로 50명 안팎에 이를 정도였다. 사우디는 원래 파리에 포시즌스 호텔(사우디 소유)을 거점으로 사용했으나 추가로 2개의 특급호텔을 통째로 빌렸다. 이유는 뻔했다. 해외에서 들어오는 각국 투표자들에게 제공되었던 것이다.

엑스포 유치과정은 결국 이런 3단계 흐름으로 이어졌다.

2단계는 한국이 창출한 흐름이었고 3단계는 사우디가 만들어내었다. 3단계는 어떻게 할 수 없는 불가항력적인 면이 강했다. 국내정치에서의 투표라면 선거관리위원회라는 강한 감독기관이 있고, 선거법과 같은 규범이 존재해서 제재가 가능하지만, 국제정치에 있어서 유치전은 규범과 룰조차 없다. 이런 측면에서 보았을 때 앞으로도 이런 냉엄한 현실을 고려해야만 이번처럼 예상 밖의 결과가 나오지 않을 것이다.

그러나 실패했다고 주저앉아 있을 필요는 없다. 시험 한번 잘 못 봤다고 다음 시험을 포기할 이유가 없는 것처럼.

우리가 엑스포를 유치하려고 했던 것은 단지 국제행사를 한번 개최해서 어깨에 힘을 주려던게 아니다. 지방소멸과 수도권 일극주의의 기형적인 대한민국의 체형을 바꾸기 위해 부산을 중심으로 남부권을 새로운 성장축으로 만들기 위해서 우리는 엑스포 유치에 도전했던 것이다. 이 대의를 잊어서는 안된다. 다시 시민의 의견을 모아서 2035년 유치 재도전을 할 수도 있고, 엑스포 이외의 다른 방법으로도 부산을 글로벌허브도시, 대한민국의 새로운 성장 축으로 만들 수 있다. 푸념하고 자책하고 있기에는 너무 시간이 아깝다. 다시 뛰면 된다.

산업은행 부산 이전은 국가의 백년지대계

전 세계에 대한민국처럼 기형적인 나라는 없을 것이다. 국토면적의 12%에 불과한 수도권에 인구 절반 이상이 밀집되어 있을 뿐만 아니라, 자본, 기술, 교육 등이 지나치게 집중되어 있다. 수도권 일극주의로 인해 수도권에 사는 사람들도 교통난, 주거비, 교육비 등 삶의 질이 낮아 행복감을 느끼지 못하고, 지방은 청년인구 유출로 소멸의 위기에 빠져들고 있다. 어느 지역에 살든 누구도 행복하지 못한 이 현실을 타개하지 않으면 안된다.

그러기 위해서는 자원을 지역별로 잘 배분하는 것이 중요하다. 노무현정부에서 추진했던 1차 공공기관 이전이 비록 절반의 성공에 그쳤지만 그런 문제의식으로부터 출발했을 것이다. 민간자원(자본,기업)을 강제적으로 지역으로 분배시킬 수는 없다. 단, 공공자원(기관)은 정부의 의지와 정치권의 결단에 따라서 얼마든지 배분이 가능하다.

그런 측면에서 기업금융과 투자금융을 담당하는 '산업은행'의 부산 이전은 충분한 정당성을 가진다. 그리고 그 외의 공공기관들도 추가적인, 즉 2차 이전을 전면적으로 추진해야 한다. 산업은행의 부산 이전은 단순히 부산만을 위한 것이 아니라, 국가의 균형발전 그리고 수도권과 함께 대한민국을 발전시킬 또하나의 성장축을 동남권에 만드는 국가의 백년 사업이라 할 수 있다.

'산업은행 부산 이전'이라는 자동차가 굴러가기 위해서는 두 개의 바퀴가 필요하다.

행정적인 조치와 입법적인 조치라는 두 개의 바퀴다. 행정적 조치란 정부차원에서 산업은행을 이전 공공기관으로 지정해서 고시하는 행위를 말한다.

입법적 조치란 '산업은행법' 4조 1항의 소재지 규정을 개정하는 것이다. '산업은행의 본점은 서울시에 둔다.'라는 조항을 '부산시' 혹은 '대한민국'에 두도록 개정하는 것이다. 이 입법적인 조치는 결국 국회에서 과반 이상의 찬성으로 산업은행법이 개정되어야 하는 것이다.

산업은행 부산 이전, 하나의 바퀴는 완성되다

우리는 산업은행 부산 이전을 위해서 정말 빠르게 움직였다.

강석훈 전 국회의원이 산업은행 회장으로 2022년 6월 7일 대통령으로부터 임명되고 난 다음주인 6월 16일 서울 모처의 식당에서 박형준시장, 강석훈 회장, 그리고 나 이렇게 3명이 오찬을 가졌다. 6월 21일 개최된 회장 취임식보다 더 빨리 만난 것이다.

이날 강석훈회장으로부터 많은 고충을 들었다. 노조원들의 극단적인 출근 저지투쟁과 대화 거부로 인해 정상적인 업무조차 보기 힘들

한국산업은행 부산 이전공공기관 지정 고시 브리핑

다는 것이었다. 그리고 수도권에 많은 의석을 가지고 있는 민주당의 반대도 큰 벽이라는 것이었다. 우리는 최대한 노조원들의 입장을 이해하고 그들을 설득할 수 있는 방안을 찾기로 했다. 그리고 민주당의 반대를 설득할 수 있는 논리도 개발하기로 했다. 이런 목표를 달성하기 위해서는 산업은행과 부산시에서 각각 별도의 소통 핫라인을 만들기로 했다. 이렇게 해서 산업은행측에서는 부행장 중의 한명을, 그리고 부산시에서는 경제부시장인 내가 책임자가 되어 핫라인이 개설되었다.

이 만남 이후부터 2023년 5월 3일 국토교통부가 산업은행을 이전공공기관으로 지정해서 고시하기까지 대략 9차례의 물밑 회의가 이루어졌다.

이 기간동안에 많은 진전이 있었다.

산업은행 차원에서는 비록 본사의 이전은 아니더라도 부산을 중심으로 한 동남권 기능 강화를 위한 조직개편을 단행했다. 동남권투자금융센터를 신설하고 해양산업금융실도 2개 실로 더 세분화해서 기존 153명이던 상주직원이 237명까지 늘어났다. 이런 조직개편을 통해서 동남권의 지역 성장을 지원하고, 탈탄소 시대를 위한 녹색금융을 강화하고, 지역 스타트업 육성을 위한 다양한 지원사업들이 본격화되었다. 그리고 산업은행 이전 컨설팅 용역을 글로벌회사에 발주하여 본점의 모든 기능과 조직을 이전하는 '지역성장 중심형' 이전을 발표하기도 했다.

이 과정에 노조의 효력정지 가처분 소송 등 다양한 저항이 있었지만 강석훈회장이 리더십을 가지고 잘 추진했다.

그리고 부산시 차원에서도 경제부시장인 내가 단장이 되어 '산업은행 이전 지원 TF'를 발족해서 임직원들이 부산으로 왔을 때 지원하는 시책을 강구했다. 이 TF에는 부산시의 관련 부서뿐만 아니라 구/군, 시교육청 및 시 산하기관까지 참여해서 5개월 동안 가동되었다. 아파트 특별공급 등의 주거 지원뿐만 아니라 자녀들의 교육 지원, 복지문화시설 이용, 배우자 취업 지원 등 29개의 지원시책을 발굴했다.

이런 과정을 거치며 드디어 2023년 5월 3일 소관부처인 국토교통부가 산업은행을 이전 공공기관으로 지정해서 고시하게 된 것이다. 산업은행 부산이전을 위한 행정적인 조치가 완성된 것이다.

또 하나의 바퀴를, 민주당이 가로막다

산업은행 이전은 간단한 문제다. 산업은행법 딱 한줄만 고치면 된다. 본점 소재지를 '서울시'에서 '부산시'로만 바꾸면 된다. 윤석열정부가 국정과제로 선정했고, 행정적인 절차는 완료했다. 이제 국회가 산업은행법만 개정하면 된다. 그런데 국회에서 여당인 국민의힘은 적극적으로 산업은행법 개정을 하겠다고 민주당에 요구하고 있다. 그러나 이재명대표의 민주당은 한발짝도 움직이지 않고 있다.

그래도 민주당의 협조를 위해서 다양한 방법을 모색했다.

일단 부산지역 민주당 의원들의 협조를 기반으로 민주당 지도부에 압박을 가하자는 전략을 세웠다. 2023년 5월 8일, 나는 산업은행 이전 담당팀을 데리고 민주당과 국민의힘 부산시당을 차례대로 방문했다. 양당의 시당 위원장을 만나서 공식적으로 '산업은행 이전을 위한 민관정 협력 TF'를 구성하자고 제안했다. 이 제안에 양당 시당 위원장이 동의를 하고 6월 16일 정식적으로 '산업은행 부산 이전 민관정 협력 TF'가 발족되었다.

물론 그 과정에 참여 멤버를 두고 양당의 견해차도 있었고, 시민단체 포함 여부에 대한 이견 등 서로의 주장이 달라서 자칫 좌초될 위기도 있었다. 이 과정에서 받은 모든 스트레스는 온전히 나의 몫이었지만 잘 조율해서 순조롭게 출발했다. 발족 이후에는 9월과 11월 두차례의 TF 회의와 그 중간에 실무라인의 회의 등 많은 논의가 있었다.

그런데 이렇게 많은 논의를 해도 민주당 지도부가 전혀 미동도 않고 있었다. 계산대로라면 부산 민주당 의원들이 당 지도부를 압박해야 하는데 전혀 그렇지 못했다. 누군가로부터 들은 얘기지만, 민주당은 이재명대표 1인 체제이기 때문에 강한 요구를 못했을 수도 있었으리라.

그래서 방법을 바꾸었다. 부산 민주당 국회의원에 기대어서 변화가 불가능하기 때문에 직접 부산시와 시민단체, 경제인들이 국회를 대상으로, 민주당을 대상으로 설득과 압박이 필요하다고 판단되었다.

8월 정기국회를 앞두고 본격적으로 움직였다. 산업은행법이 계류되어 있는 정무위원회의 양당 간사부터 만나기 시작했다. 8월 23일에는 국민의힘 윤한홍 간사를 만나서 산업은행법 개정을 조속히 처리해줄 것을 부탁했는데, 국민의힘 차원에서는 법안을 상정하려고 해도 다수의석을 가지고 있는 민주당이 막고 있어서 답답하다는 하소연을 들었다.

9월 6일에는 정무위원회 민주당 간사이며 법안심사소위원장인 김종민 의원과 소위 위원인 김성주 의원을 만났다. 김종민 위원장은 단칼에 '논의할 수 없다'고 주장하고, 김성주의원은 다른 공공기관 이전 등을 자신의 지역구에 가져오는 논의가 병행되어야 가능하다고 주장했다.

많은 공방을 주고받았지만 아무런 입장 변화가 없었다.

나중에는 하도 답답해서 나는 이렇게 주장했다.

"산업은행 이전에 대해 찬성하든 반대하든 그것은 논외로 하고, 국민의 대변자를 자처하는 국회의원들께서 국회의원 본인들이 발의한 법안에 대해서 토론조차 하지 않는다는게 말이 되느냐. 게다가 발의된 법안이 4개나 되는데, 그중 3개가 민주당이 발의한 법안인데 민주당이 토론을 가로막는게 말이 되느냐"고 따져 물었지만 묵묵부답이었다.

설득과 부탁, 애걸을 해도 통하지 않았던 민주당. 결국 시민의 힘을 보여줄 수밖에 없었다.

11월 3일에는 부산상공회의소 등 경제계, 경실련 및 분권운동 단체 등과 함께 국회 의사당 앞 집회도 개최하고, 11월 21일에는 정무위원회 법안심사소위원회 회의에 맞추어서 지역 시민단체들과 함께 회의실 앞 복도에서 피켓시위까지 하며 압박을 했다. 그렇게 압박을 했더니 법안심사소위원회에서는 상임위 차원에서의 논의로 결정을 내릴 수 없으니 여야 지도부가 정무적으로 해결하라며 책임을 지도부에 미루어버리는 무책임한 모습을 보였다.

산업은행 부산 이전 촉구시위

한국산업은행 부산 이전 지원시책 보고회

산업은행 부산 이전 국민의힘 간담회

민주당 대표 정무실장 면담

산업은행 부산 이전 촉구 민주당 김종민간사 면담

그래도 끝까지 희망의 끈을 놓지 않으려 노력했다. 엑스포 개최지 결정을 위한 총회에 참석한 박형준시장이 귀국 후 바로 민주당 지도부를 만날 수 있도록 수차례 면담을 요청했으나 여러 가지 이유로 답을 주지 않았다. 하도 답답해서 나는 12월 1일 새벽부터 민주당 대표실을 방문해서 대표 정무실장과 원내대표실의 정무부실장을 만나서 산업은행법 개정을 요청하는 자료를 전달하고 박형준시장 면담을 요청했다. 이것도 불안해서 그날 최고위 참석을 위해 본청에 등원을 하는 이재명 대표를 직접 복도에서 만나서 명함을 주고 박형준시장과의 면담을 요청했다.

이렇게까지 갖은 노력을 했지만 만남도 불발되고 법안 개정을 위한 움직임조차 없다.

나는 곰곰이 생각했다. 민주당이 왜 이럴까.

내가 내린 결론은 이제 민주당은 과거의 민주당, 즉 노무현정부 때의 민주당이 아니라는 것이다. 노무현대통령은 수도권집중화가 망국의 길이라고 생각하고 지방분권과 균형발전 정책을 온갖 비난을 받으면서도 추진했다. 그래서 세종시로 수도 이전을 추진하려 했고, 공공기관 1차 이전도 해내었다.

하지만 지금의 민주당은 수도권 카르텔 정당이라 하지 않을 수 없다. 그리고 금융권 등의 귀족노조의 동맹자에 불과하다.

전 세계에서 그 유래를 찾아볼 수 없을 정도로 수도권 집중이 심화되고 있는 상황이다. 이런 상황에 노무현 대통령이 돌아온다면 산업은행 이전을 어떻게 했을까. 민주당이 앞장서서 산업은행뿐만 아니라 공공기관 이전을 적극적으로 요구하지 않았을까.

그러나 지금의 민주당은 공공기관 이전 논의 자체를 차단하고 있다. 수도권 일극주의와 지방소멸의 문제가 더욱 심각해지는 상황에서 개탄스럽지 않을 수 없다.

서부산 발전이 부산의 미래다

2022년 지방선거가 끝난 후 아내와 가까운 지인에게 조심스럽게 물었다. 서부산으로 이사를 가는걸 어떻게 생각하냐는 것이었다.

이유는 단순하다. 한국이 수도권 일극주의로 인해 지방이 소멸위기에 빠지고 있는 것처럼 부산 안에서도 동부산과 서부산의 격차가 심화되고 있는데 시정의 한 축을 책임지고 있는 한 사람으로서 서부산에 거주하면서 서부산 발전의 해법을 찾아보고 싶었기 때문이었다. 특히 시장님은 해운대에 거주하고 있었기 때문에 부시장인 내가 서부산에 거주하면 시정의 축도 균형 잡힐 것으로 보았다.

하지만 아내는 우리가 거주하고 있는 부산진구에서 사회단체 활동을 하고 있었기 때문에 불편한 상황이 생길 수밖에 없었고, 주변사람들도 만류하는 분위기였기 때문에 결국 서부산으로의 이사를 결행하지 못했다. 그러나 마음 한켠에는 항상 서부산을 부산의 발전축으로 만들어야 한다는 불씨는 사라지지 않았다.

그러던 중 지난 10월 12일 사하구 현대미술관에서 '15분도시 고도화 추진 보고회'가 예정되었다. 나는 바로 박형준시장에게 부산의 동서간 격차가 완화되지 않고 있는 현실에 대한 우려와 이 문제 해결을 위해 나에게 역할을 맡겨 달라고 부탁을 했다.

동부산에 비해 개발 격차를 보이고 있는 서부산

그렇게 해서 그날 보고회에서 박형준 시장은 "시의 여러 노력에도 불구하고, 동부산과 서부산 간의 격차가 해소되지 않고 있다. 동서격차 해소를 위해서는 서부산을 중심에 놓고 따로 들여다보며 이 문제를 집중적으로 풀어갈 전담자가 필요하다. 그 역할을 이성권 경제부시장이 주도적으로 맡아주길 바란다."고 임무를 부여했다.

서부산 발전을 위한 안정적인 추진체가 핵심이다

박형준시장으로부터 임무를 부여받고 바로 구상에 들어갔다. 서부산 발전만을 고민하고 대안을 모색하는 안정적인 추진체가 구축되어야 한다고 생각했다. 그렇게 해서 낙동강을 끼고 있는 서부산의 4개

서부산발전협의체 발족

구청(북구, 사상구, 사하구, 강서구)과 부산시가 참여하는 「서부산발전협의체」를 발족시켰다.

이 협의체는 설령 내가 업무를 그만둔다고 해도 후임 경제부시장이 지속적으로 전담하도록 설계를 했다. 그리고 부시장과 4명의 구청장 회의체 뿐만 아니라 부산시의 기획담당관과 각 구청의 기획감사실장 등이 참여하는 실무협의회도 구성해 중층적인 논의구조를 만들었다. 또한 실질적인 성과를 낼 수 있도록 최소 1년에 4번, 즉 분기별로 한번씩 정례회의를 개최하도록 했다. 그리고 주요 의제로는 '지역개발', '문화·복지', '교통·문화' 등 3대 분야를 선정했다.

부산은 크게 동부산, 중부산, 서부산, 원도심 등 4개 권역이 존재하지만 특정 권역을 대상으로 발전협의체를 구성하는 것은 처음이다. 앞으로 이 협의체가 안정적으로 운영이 된다면 서부산 발전에 큰 기여를 할 것이다.

서부산은 사통팔달의 교통체계의 중심

나의 지론은 앞으로 부산의 미래는 서부산이 개척해 간다는 것이다. 가덕도신공항이 개항하면 전세계에서 부산을 찾는 관광객이 급증할 뿐만 아니라 서부산에 물류산업과 첨단산업이 포진하게 되고, 그로인해 인구가 폭증할 것이다. 그 인구 규모에 맞게 서부산권에는 문화예술, 관광, 의료복지 등의 인프라가 필요할 뿐만 아니라 특히 교통인프라는 철저히 사전에 준비되어야 한다. 그런 의미에서 서부산은 교통의 사통팔달의 중심지가 되어야 한다.

다행스럽게 부산시는 이미 그런 준비를 하고 있다.

남해고속도로와 해운대를 이어주는 내부순환(만덕~센텀) 도시고속화도로 사업이 민간투자사업으로 큰 차질없이 진행되고 있다. 그리고 남해고속도로(창원·여수)와 동해고속도로(포항·울산)를 직접 연결하는 「사상~해운대간 고속도로」 역시 민간투자사업으로 추진될 예정이다.

나는 「서부산발전협의체」을 발족시키고 난 이후, 교통분야에 가장 큰 역점을 두었다. 크게 4개 사업이었다.

첫 번째가 '도시철도 사상~하단선'의 차질없는 추진이다. 이 노선은 기존 1호선(사상구 괘법동)과 2호선(사하구 하단동)을 연결해서 대중교통의 불편을 해소하기 위한 사업이다.

그리고 두 번째는 '도시철도 하단~녹산선'이다. 이 노선은 서부산권의 대규모 개발에 따른 고질적인 교통혼잡난을 근본적으로 해결하기 위해서 필요한 사업이다.

이 두 사업은 국비확보가 필수적이다. 경제부시장인 나는 매년 국비확보를 앞두고 '부산시 국비확보 추진단'의 단장을 맡고 기재부, 국회를 뛰어다니는데 올해 교통인프라 구축 국비 중에서 가장 주안점을 두었던 사업이었고, 다행히 각각 188억원, 130억원의 국비를 확보하게 되었다.

세 번째는 '제2 대티터널' 건설이다. 이 사업은 사하구 괴정동 교차로에서 원도심인 서구로 넘어가기 위한 교통인프라 사업인데 큰 난관에 봉착한 걸 풀수 있는 실마리를 마련했다. 2021년에 국토교통부로부터 교통혼잡도로 개선사업으로 지정되었지만, 예산을 지원해 줄 기재부의 예비타당성조사를 중간 점검해보니 경제성 분석(B/C)이 0.78로서 이대로 두면 예비타당성조사 통과가 어렵게 된 것이

제2대티터널 추경예산 편성 협의

다. 그래서 우리는 대안노선을 통해 B/C를 높이는 전략을 세우고 예비타당성조사의 일시정지를 요청했다. 그리고 원래의 노선을 약간 변경한 여러 가지의 대안노선을 검토했다. 그중에서 하나의 가장 실효성 있는 대안노선을 발굴해서 부산시 산하의 부산연구원(BDI)에 용역을 맡기기로 했다. 문제는 예산인데 나는 관련 업무부서와 예산부서를 불러서 그 예산을 12월 마지막 추경에 바로 담도록 했다. 이 용역결과는 2024년 초에 나올 것이며, 이 대안노선을 다시 기재부에 제출하면 충분히 기재부의 예비타당성조사를 통과할 것으로 예상된다.

네 번째로 역점을 두었던 사업이 대저대교(식만~사상) 도로건설이다. 이 사업은 2006년에 교통혼잡도로 개선사업으로 선정되고 예비타당성조사도 통과된 사업이지만 철새 등 환경을 중시하는 단체들의 반대로 인해 17년 동안 진척을 이루지 못한 사업이다. 박형준시장이 취임하고 난 후 환경단체들과 라운드테이블을 마련하는 등 소통을 강화했지만 한 발짝도 전진하지 못하고 있었다. 이런 상황에서 나는 이 사업을 주관하는 낙동강유역환경청에 요청을 해서 환경단체와 간담회를 가지고 소통하자고 했다.

간담회가 11월 23일 열렸다. 나는 이 자리에서 부산시는 환경보전과 개발의 두 가치가 충돌하지 않도록 최선을 다하고 있는 점에 충분히 설명하고 대저대교 건설의 필요성을 강조했다. 물론 환경단체는 반대의 입장을 피력했지만, 이번 간담회를 계기로 낙동강유역환경청이 입장을 잘 정리한다면 대저대교 건설은 본격화될 것으로 기대된다.

서부산의료원-KDI원장 면담

‘서부산의료원’ 설립을 위한 노력

부산의 동서격차의 대표적인 영역으로 보건의료복지분야를 꼽을 수 있다.

보건복지부에서는 전국을 70개 정도의 진료권역으로 나누고 있는데 부산에는 3개 권역이 존재한다. 그중에서 서부산이 가장 열악하기 때문에 부산시에서는 2016년도부터 ‘서부산의료원’을 건립하는 것을 목표로 세웠다.

‘서부산의료원’의 진료권은 사하구, 사상구, 강서구의 20개 동이 포함되는데 이곳에는 종합병원·응급의료 기능이 전무하다. 게다가 서

부산 전체로 확장해서 보면, 서부산의 인구 만명당 종합병원의 병상수는 부산시 평균의 33%에 불과하며, 서부산의료원의 주진료권 내의 응급의료기관이 전무해서 인근병원 이송에만 20분이 소요된다.

특히 이 지역이 사회취약계층의 밀집지역인 것을 감안한다면 하루라도 빨리 응급의료기능을 가진 공공병원의 건립이 필수적이라고 할 수 있다.

하지만 큰 난관이 가로막고 있었다. 이 사업은 정부고시 임대형 민간투자사업(BTL) 방식으로 추진될 예정이다. 민간사업자가 건물을 짓고 20년간 운영하는 방식이기 때문에 민간이 들어오지 않으면 실현이 불가능하다. 그런데 작년(2023년) 10월에 사업자선정 공모를 냈으나 사업자가 참가하지 않아 유찰되었다.

이유는 간단하지만 심각했다. 이 사업의 BTL 한도액이 780억원으로 편성되어 있는데 시중물가, 건설공사비 등이 올라서 그 금액으로는 적자시공이 불을 보듯 뻔하기 때문에 아무도 참여를 안한 것이다. 해법은 공사한도액을 증액시켜서 다시 공모를 하는 것뿐이다. 공사비를 증액시키기 위해서는 애초에 공사비를 산정했던 한국개발연구원(KDI)이 다시 심사를 해서 올려주어야 한다.

이 사업은 경제부시장 관할 업무가 아니라 행정부시장 업무임에도 불구하고 나는 「서부산발전협의체」를 책임지고 있는 만큼 직접 발로 뛰었다. 부산시에서는 KDI에 공사한도액 증액 요청공문을 보냈고, 직접 내가 12월 14일 KDI를 방문해서 조동철 원장을 만났다.

서부산의료원의 필요성에 대한 객관적 데이터를 가지고 논리적인 설명을 하고, 150억원 정도의 공사비 증액이 필요함을 강변했다.

조동철 원장은 충분히 나의 주장에 공감을 표시하며 적극적인 검토를 하겠다는 대답을 했다. 2024년 초가 되면 검토결과가 나올 것이며 한도액 증액이 이루어지면 다시 재공모에 들어갈 수 있다. 하루빨리 서부산의료원이 준공되어 서부산 주민들의 의료복지가 실현되길 기대한다.

“사하구 예산 팍팍 지원해 주십시오”

11월 9일이었다. 사하구 을숙도에서 부산시의 역점사업 중의 하나인 어린이복합문화공간 ‘들락날락’ 개관식이 있었다. ‘들락날락’은 미래세대인 우리의 어린이들을 위해 만든 아날로그와 디지털이 융합된 새로운 개념의 놀이형 학습공간이다. 아이들에게 최고로 인기 있는 곳이다.

특히 을숙도 ‘들락날락’은 EBS의 다양한 캐릭터와 콘텐츠를 활용해서 만들어진 놀이공간인 만큼 부산에서 인기가 가장 높다.

이날 행사를 마치고 차를 타려고 하는데 이갑준 사하구청장이 갑자기 서류를 들이밀었다.

“‘들락날락’은 멋지게 만들었는데 여기 광장 바닥의 보도블럭이 다 깨져서 아이들에게 위험합니다. 예산 좀 팍팍 지원해 주이소.”라는 것이다.

“챙겨보겠습니다.”라는 대답을 하고 돌아왔다.

하지만 내년도 부산시 본예산은 편성을 해서 시의회로 넘어간 상태였기 때문에 넣을 수가 없었다. 12월 마지막 추경에 넣기로도 추경 편성에 가장 중요한 ‘시급성’도 떨어졌다. 그래서 유일한 해법은 ‘특별조정교부금’을 사용하는 수밖에 없었다. 이렇게 해법은 고민해

사하구 주요 현안사업 협의(사하구청장과 함께)

둔 상태에서 나는 국회에서의 국비 확보와 산업은행법 개정 등 부산시의 중요 현안문제를 풀기 위해 서울 부산을 바쁘게 다녔다.

그리고 드디어 12월 21일 국회에서 내년도 예산안이 통과되었다. 부산시 역사상 최대 규모인 9조 2,300억원이 확보되었다. 국비 9조원 시대를 열며 부산의 미래를 바꿀 예산을 확보한 것이다. '국비확보 TF단장'으로서의 소임을 마치고 난 후, 다음 날인 22일 이갑준 사하구청장을 불렀다. 요청받은 '을숙도 들락날락 광장 조성사업'의 지원 때문이었다. 부르는 김에 사하구의 중요 현안사업을 다 가져와 달라고 했다.

총 8건의 사업을 들고 왔다. 바로 본격적인 협의를 시작했다.

'역지사지'라고 지역주민의 입장이 되어서 하나하나 귀 기울여 설명을 들었다.

8건 중에서 5건을 요청한 금액대로 지원하는 것으로 결정했다.

애초에 요청한 '을숙도 들락날락' 광장 조성(15억), 승학로와 대티로간의 연결도로 개설(15억), 사하도서관 일원 위험도로 개선(18억), 사하에덴종합사회복지관 건립(5억), 동아대학교 일원 전선 지중화사업(10억원) 등 결정한 사업은 10원도 건드리지 않았다.

정말 큰 결심으로 지원을 결정했다.

이 예산 지원으로 열악한 주거환경, 도로환경, 복지환경의 서부산에 큰 도움이 될 것이라는 책임감 때문이었다.

인도 TVS 모터스 회장 접견

경제 AS현장방문(HJ중공업)

부산권 이차전지 지산학 복합체 발족

전략반도체 기업 투자유치 및 국제기술협력 MOU 체결

에어부산 분리매각 회의

경제로만 끝나지 않는 경제부시장 업무

KCC 이지스를 부산에 유치해 오다

박형준 시장이 보궐선거로 당선되어 임기 시작 2개월쯤 지나서 갑작스런 사건이 발생했다.

부산에 연고지를 두고 있던 남자 프로농구단 'KT 소닉붐'이 연고지를 수원으로 바꾼다는 발표를 한 것이다. 부산은 여자 프로농구단 'BNK 썸', '롯데 자이언츠' 프로야구단, 그리고 '현대아이파크' 프로축구단이 있는 명실상부한 구도(球都)라는 자존심에 심각한 손상을 입었다.

박형준 시장은 KBL 이사회에서 연고지 이전 결정이 내려지기 전에 KT 대표에게 직접 전화까지 걸어가며 부산 잔류를 요청했으나 KT구단은 결국 수원으로 떠났다.

'KT 소닉붐'의 수원행에는 공무원의 무사안일이 기여한 바가 크다. 오거돈 시장의 성비위로 시장 권한대행 기간이 1년 가까이 이어지면서 시정이 제대로 작동하지 않았다. 그 기간동안에 KT 구단측은 훈련장 제공 등 연고지 정착에 따른 제반 사항의 지원을 요청했으나 아무런 응답을 얻지 못했다. 박형준 시장이 들어서고 난 뒤 해당 부서에서 보고를 했다면 신속하게 조치를 했을 것이다. 하지만 KT

구단측의 불만이 쌓여가는데 아무도 보고를 하지 않아 결국 사단이 생긴 것이다.

이렇게 해서 'KT 소닉붐'이 수원으로 떠나고 2년 가까운 시간이 흘렀다.

그런데 갑자기 고양시에 연고지를 두고 있는 '캐롯 점퍼서'가 부산으로 연고지를 이전하고 싶다고 접촉을 해 왔다. 박형준시장은 '부산 시민들에게 굉장히 기쁜 일'이라며 나에게 적극적인 추진을 주문했다. 업무의 성격상 경제부시장인 내 관할은 아니었지만 최종적인 결과가 나오기 전까지는 보안을 유지하며 물밑에서 꼼꼼히 따져봐야 하기 때문에 나에게 맡긴 것이다.

이 구단은 외관상으로 보면 주목을 끌만한 훌륭한 요소를 갖추고 있었다. 농구계의 전설이라는 '허재' 전 국가대표 감독이 대표이사를 맡고 있고, 한 개의 기업의 지원이 아니라 시민구단 형태로 운영되기 때문에 스토리텔링이 너무 좋은 것이다. 수원으로 떠난 'KT 소닉붐'의 빈자리를 채우기에 충분한 듯이 보였다.

본격적인 만남이 시작되었다. 3개월 가까운 물밑 접촉을 해본 결과 자칫하면 부산에 큰 짐이 되겠다는 판단을 했다. 그들은 구단 운영을 위해서는 연간 90억원 정도의 운영비가 필요한데 자체적으로 50억원은 스폰서가 확정되어 있으니 부산에서 40억원 정도의 스폰서 확보를 요구했다. 나는 두드리고 또 두드려 봤다. 그런데 KBL을 비롯해 농구계에 탐문을 한 결과 놀라운 사실을 확인했다.

이들은 신생구단으로 KBL에 가입할 때 내야할 가입비 10억원을 내지 못하고 있었고, 심지어 소속 선수들 임금을 4개월 동안이나 체불하고 있었던 것이다. 그리고 그들이 확보했다고 주장하는 50억원의 스폰서 기업도 실체가 명확하지 않았다.

이 상태로 부산으로 연고지 이전을 받으면 부산에서 연간 40억원의 스폰서비를 지원해 주어야 할 뿐만 아니라, KBL 가입비, 선수들 임금체불비 그리고 추가적인 스폰서까지 책임을 져야 하는 상황이었던 것이다. 결국은 구단 운영주체인 데이원스포츠가 자신들의 경영난에 직면하자 연고지 이전을 통해서 회피하고자 했던 것으로 보였다. 만일 연고지 이전을 했다면 그 피해는 부산시나 부산의 기업이 고스란히 떠안게 되었을 것이다.

박형준시장에게 이러한 상황을 설명하고 '캐롯 점퍼서'를 받아서는 안된다는 결론을 내렸다. 아니나 다를까 그 결정을 내리고 난 1주일 후쯤, KBL은 구단주 '데이원스포츠'를 선수 임금체불, 약속 불이행 등의 사유로 KBL 회원사에서 제명 처리했다.

그런데 지성이면 감천이라고 했던가.

'캐롯 점퍼서' 때문에 KBL을 비롯한 농구계에 온갖 탐문을 하던 중 재밌는(?) 정보를 얻게 되었다. 전주시에 연고를 두고 있는 'KCC 이지스' 남자농구단이 전주시와 갈등이 있다는 것이었다. 나는 이참에 KCC 이지스가 부산으로 연고지를 바꾸면 어떨까? 하는 생각이 들었다.

곧바로 'KCC 이지스' 구단의 핵심인사와 접촉을 시작했다. 아주 아주 조심스럽게 얘기를 꺼냈다. "부산시민은 스포츠에 대한 열정이 강하다. 롯데 자이언츠에 대한 부산사람들의 열광적인 팬심만 봐도 알수 있다. 프로농구에 대한 애정도 강하지만, 여러 가지 사정으로 'KT 소닉붐'이 떠났다. 빈자리가 너무 크다. 부산으로 연고지 옮기는 것을 적극적으로 고려해 달라. 여자 프로농구단 'BNK 썸'도 있으니 부산에서 농구의 붐을 일으켜보자."

첫 만남이었기 때문에 바로 답을 들을 수는 없었다. 하지만 나쁘지 않은 분위기였다. 이렇게 해서 두 달 가까이 여러 차례 비공식 접촉이 이어졌다. 'KT 소닉붐'이 부산을 떠난 전례가 있었기 때문에 'KCC 이지스'가 필요로 하는 것을 꼼꼼하게 살폈다. 그리고 대부분 해결 가능한 것이었다. 그 실무자인 핵심인사와는 어느 정도 부산 이전에 대한 합의가 이루어지고 난 후, 나는 박형준시장에게, 그는 KCC 회장에게 보고를 하고 최종 승인을 받았다.

그 과정에는 극도의 보안이 필요했다. 만약 KCC 농구단의 연고지 변경 추진 사실이 알려지면 전주시를 비롯한 여러 이해관계자들의 개입으로 무산되는 사태가 있을 수 있기 때문이었다.

KBL 이사회 전날까지도 'KCC 이지스'의 연고지 변경 안건을 노출하지 않을 정도였다.

이런 과정을 거쳐서 'KCC 이지스'가 부산의 가족이 되었다. 시즌 첫 개막식날 박형준시장과 함께 개막전을 보러갔다. 사직경기장을 가득 메운 상태에서 박형준시장의 시투와 선수들의 역동적인 시합을 하는 모습을 보면서 감동과 보람이 정말 밀물처럼 몰려왔다.

농구단의 유치 의미는 크다. 요즘 수도권 일극주의에 대해서 얘기를 많이 하지만 스포츠분야도 심각한 상태이다. 종목을 막론하고 대부분의 구단들이 수도권에 연고지를 두려고 해서 지역 연고의 구단들이 줄어들고 있는 상황이다. 이렇게 스포츠 구단마저 수도권 집중화가 심화되는 상황에서 'KCC 이지스' 남자농구단을 데려 온 것은 부산시의 위상을 크게 높이고 부산 시민들의 자존심을 올려준 것이다.

'고양 캐럿 점퍼스'를 유치하려다가 'KCC 이지스'를 유치하게 된 과정에 대해 잘 아는 KBL의 임원 한명이 나에게 이런 말을 했다.

"작은 붕어 낚으려다가 굉장한 월척을 낚았네요"라고...

부산KCC 개막전 – 박형준시장 시구

남해촌놈 총학생회장이 되다

농사일 잘하던 둘째 아들
이상한 나라의 앨리스? 아버지, 어머니
사진 때문에 삶이 바뀌다
즐거웠던 군 생활
계란으로 바위를 깼던 총학생회장 선거
움직이는 학생회, 통 유리창 사무실
해법을 기획하고 대안을 찾는 즐거움

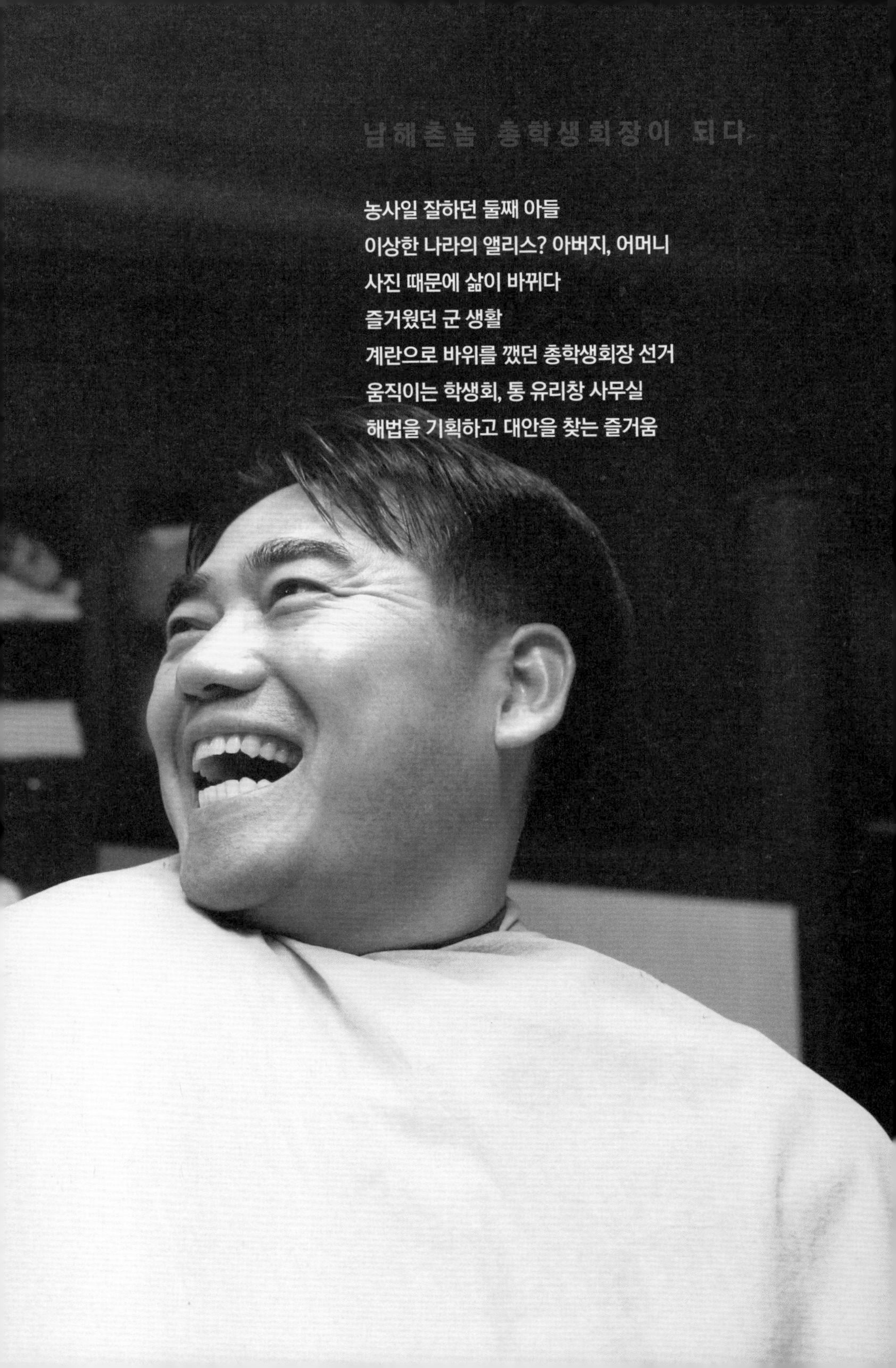

남해촌놈 총학생회장이 되다

농사일 잘하던 둘째 아들

"이의원은 똑똑한가 보다. 국회의원도 되고."

만35세. 17대 국회 최연소 남성 국회의원으로 당선되었던 나에게 종종 이렇게 말씀하시는 어르신들이 있었다. 하지만 나는 그 때마다 "아닙니다. 똑똑하지 않기 때문에 국회의원이 되었습니다."라고 대답했다.

"이의원은 집안에 돈이 많은가 보네."라고 말하는 분들에게도 나는 "아닙니다. 돈이 없기 때문에 국회의원이 되었습니다."라고 말했다.

그러면 그 분들은 "돈도 없고 똑똑하지도 않는데 어떻게 국회의원이 될 수 있다는 말인가?"라고 되묻는다.

그러면 나는 "이제 돈으로 정치하던 시대, 지식으로 정치를 포장하는 시대는 지났습니다. 서민들과 함께 할 수 있는 열정이 가득하면

부모님 농사 일을 돕던 어린 시절

정치가 가능한 열린 시대를 만났기 때문입니다."라고 대답한다.

그렇다. 이제는 가슴은 비어 있으면서, 돈으로 으스대고 똑똑하다고 자랑하는 사람들을 맹종하는 시대는 지나갔다. 시대는 변했다. 민도가 높아진 서민들이 그 변화를 이끌었다. 그들은 이제 서민이 정치의 중심에 서주길 바라고 있다. 돈은 없지만, 그렇게 똑똑하지도 않지만, 정말 가슴으로 자신의 고통을 이해해주고 함께 눈물을 흘릴 수 있는 지도자를 갈망하고 있는 것이다.

나이도 어리고, 돈도 없고, 인맥도 없는 내가 2004년 17대 국회에서 최연소 남성 국회의원이 될 수 있었던 것도 농민의 아들, 서민의 아들이었기 때문이다.

나의 왼손 새끼손가락과 엄지손가락에는 흉터가 있다. 나조차 희미한 기억이지만 상당히 어릴 때 낫질을 하다 베인 상처라고 한다. 아마도 그 당시 대부분의 시골 아이들처럼 나 역시 부모님의 농사일을 돕다가 생긴 영광의 흔적이리라.

나는 경상남도 남해군에서 태어났다. 아버지는 목수 일을 하셨지만 농사도 지으셨다. 우리 집은 논은 없고 밭만 조금 있었던 것으로 기억하는데 우리 형제들은 모두 어릴 때부터 농사일을 도와야 했다. 나는 3남 1녀 중 차남이었는데, 형과 남동생은 일찌감치 고향 남해 섬을 탈출하여 진주에서 고등학교를 다녔고 나는 남해에 남아 고등학교를 다녔다. 시골형편에 모든 자식들을 다 도시로 내 보낼 수는 없었기 때문에 누군가는 남아서 부모의 일을 도와야 했던 것이다.

그 덕분에 집안의 농사일은 부모님과 함께 내가 부담해야 하는 경우가 많았다. 학교 수업 시간을 제외하고는 늘 집안일을 돌봤다. 물론 다른 친구들도 다 그랬다. 이것이 시골의 현실이었다. 고등학교를 졸업하고 남해를 떠날 때까지, 내 생활은 늘 농사주기에 맞춰져 있었다. 봄에 마늘 쫑대를 뽑는 것부터 시작해 모내기, 마늘 수확, 초여름에는 보리 베기와 타작, 가을에는 벼 베기와 타작으로 이어지는 농사일이 지금도 눈에 선하다.

명절 때 모든 가족이 고향에 모이면 간혹 아내가 묻는다.

"형제들 중에서 왜 당신 키가 제일 작아?"

"그거? 간단하지. 지게를 내가 제일 많이 져서 그래."

"그래서 그런가. 형제 중에서 당신 다리가 제일 O(오)형이고 목도 짧아. 결혼 전에는 왜 이게 보이지 않았을까. 정말 눈꺼풀에 뭐가 씌었는가봐."

그렇다. 형님과 동생은 중학교 졸업과 동시에 진주로 유학을 갔지만 나는 남해에 남아 있었으니 3년간 더 지게를 진 것이다. 정말 온갖 것을 다 져봤다. 가마니, 볏단, 풀, 똥장군, 땔감 심지어 지게는 아니지만 상여까지. 이렇게 갈고 닦은(?) 나의 농사실력이 진가를 발휘한 적이 있다. 대학 시절 농촌봉사 활동을 갔을 때다. 함양으로 벼 베기를 도우러 갔는데 모든 학생들이 낫을 들고 논으로 들어가게 되었다.

대부분 농사 경험이 없어 지지부진 속도가 나지 않는데, 나만 시원하게 일을 해냈다. 마치 바람 불 때 논두렁 타들어가듯이 성큼성큼 앞으로 나아갔다. 고수의 무사(武士)가 병졸들을 한 칼에 베어 나가듯 말이다. 일꾼 한 사람 몫을 톡톡히 해 낸 것이다. 그러다가 갑자기 한쪽에서 "앗!"하는 소리가 들리는가 싶더니, 학생들이 몰려갔다. 가보니 한 학생이 손가락뼈가 보일 정도로 깊게 낫에 베여 피가 철철 흐르고 있었다. 잘 드는 낫인데 요령이 없으니 호미처럼 벼를 찍다가 사고가 난 것이다. 모두들 어쩔 줄 모르고 있었다.

나는 담배 피우는 학생을 찾았다. 그리고 담배 한 개비를 꺼내 종이를 벗겨 연초를 상처 부위에 붙이고 은박지로 손가락을 감았다. 얼마 지나지 않아 지혈이 되었고 무사히 보건소로 데리고 갔다.

농촌 봉사활동을 마치고 부산으로 출발 할 때 학생들 왈, "너는 부산가지 말고 여기 남아라. 그게 적성에 맞을 것 같다."

그래서 그런가. 국회의원을 할 때, 대학 교수를 만나는 것보다 재래시장의 상인이나 산동네의 할머니를 만날 때가 더 편했다. 지금도 변함이 없다. 머리가 똑똑한 사람보다 가슴이 따뜻한 사람들이 좋다. 돈으로 포장한 사람보다 가난해도 나눌 줄 아는 사람들이 좋다. 왜? 나도 그런 서민으로 자랐으니. 머리부터 발끝까지 철저하게 서민이라서.

이상한 나라의 앨리스? 아버지, 어머니

나의 아버지, 어머니는 이상한 분이시다. 정확히 얘기하자면, 보수적인 시골 사람과는 정신세계가 다르다는 의미이다. 일반적인 시골 어른들은 고집 세고, 독단적이고, 자식들에게 쌍욕도 하고, 손찌검을 하는 경우가 많다. 내 주변의 친구들이 부모로부터 그런 대접을 받는 것을 많이 보아왔다.

그런데 아버지는 절대 독단, 독선을 용납하지 않으셨다. 동시에 그 바탕에 깔려있는 개인주의도 용납 않으셨다. 우리 집에는 '가족회의'라는 게 있었다. 자식들이 아무것도 모를 때인 초등학생 시절부터 전 가족이 회의를 했다. 형제간의 우애에 관한 얘기부터 집안의 대소사까지 모든 걸 공개해 놓고 논의를 하였다. 많이 배운 요즘 도시 사람도 하기 힘든 일을, 그때 그 시절 시골사람인 아버지가 한 것이다. 자식들이 장성해 모두 출가한 지금도 아버지의 이런 성향은 변함이 없어서 명절 때 모이면 저녁 식사 후 '가족회의'가 열린다. 어릴 때와 차이가 있다면 주제가 확대되었다는 것뿐이다.

형제들끼리 싸우면 아버지만의 독특한 혼내는 방식이 있었다. 욕을 하지도 않는다. 손찌검도 하지 않는다. 옆으로 나란히 엎드려뻗쳐를 시킨 상태에서, 한쪽 다리를 들게 하고 그 다리 위에 각 목을 얹는다. 고통을 '함께' 느끼도록 하고 '함께' 극복하도록 하는 것이다.

부모님은 항상 남의 고통에 눈 감지 말라고 강조하셨다. 함께 느끼

어린 시절 형제들과

는 것, 즉 남의 어려움에 공감할 줄 아는 능력은 아마 아버지의 이런 훈육방식에서 온 것일 테다.

동생에게 작은 에피소드가 있다. 동생이 진주로 유학을 가서 하숙을 하던 시절, 주말에 남해에 와서 하숙비를 받아 올라간 지 얼마 안 되어 부모님한테 다시 하숙비를 타러 왔다고 한다. 아버지가 화가 나서 이유를 물었더니, 진주 시외버스터미널에 도착했는데 구걸하는 사람이 하도 불쌍해 하숙비를 다 주어버렸다는 것이다. 지금 생각해도, 참 웃기는 녀석이다.

어릴 때, 특히 사춘기 때 참 징그러웠던 것이 어머니의 포옹이다. 이것은 자식들이 모두 40대를 넘긴 요즘도 변함이 없다. 학교 갈 때나 다녀올 때마다 어머니는 자식들을 가슴에 안으며 한결같이 말했다.

"사랑한다. 너는 참 소중한 존재다. 성실히 살고 다른 사람들을 배려해야 한다. 그리고 나라에 도움이 되는 일을 해야 한다."

아무 생각 없는 미물(微物)도 이런 애정을 지속적으로 받으면 저절로 가슴과 머리가 따라 갈 것이다. 어머니의 포옹과 말씀은 참으로 무서운 힘을 지녔다. 우리 형제에겐 일생을 함께하는 나침반과 같은 역할을 한 것이다.

다른 사람들이 믿어줄지 모르지만 실제로 부모님은 이렇게 해 왔고 지금도 하고 계신다. 그래서인지 우리 형제들은 남에게 피해를 주는 것을 가장 경계한다. 다른 사람에게 당하면 당했지 괴롭히지 못한다. 모두 부모님 때문이다. 어떨 때는 간간히 우리를 좀 약게 키워 주셨으면 할 때가 있다. 특히 심한 배신을 당한 뒤에는 그런 마음이 든다. 하지만 어쩌겠는가? 이미 부모님의 DNA를 그대로 가지고 태어났는데. 그리고 그런 훈육을 받으며 자랐는데. 우리 형제들이 할 일은 그저 부모님의 가르침을 따르는 것뿐이다. 그저 함께 이상한 나라의 앨리스가 되는 것뿐이다.

사진 때문에 삶이 바뀌다

1988년 1월, 부산대 철학과 합격 통지서를 받았다. 입학 성적이 우수하여 전액 장학금을 준다는 통지도 함께 왔다. 날아갈 듯 기뻤다. 진학을 위하여 밤낮으로 땀 흘린 보람이 있었던 것이다. 그 소식을 가장 먼저 부모님께 알려드리고 나는 굳게 결심했다. 정말 열심히 공부해서 부모님을 호강시켜 드려야겠다고. 물론 대부분의 자식들이 이런 생각을 할 것이다. 그런데 나에게는 좀 더 특별한 사연이 있었다.

나는 고등학교 졸업과 동시에 대학에 진학하지 못하고, 진주에서 경상대학교에 다니고 있는 형과 함께 자취를 하면서 재수를 하게 되었다. 그 때가 1987년이었다. 민주화 운동이 들불처럼 일어날 때였다. 민주주의를 요구하는 시위는 보수적인 진주까지 덮쳤고 내가 다니는 학원으로도 매일 최루탄 가스가 날아왔다. 대학 진학만을 목표로 새벽부터 밤늦게까지 공부만 하고 있던 나에게는 이들의 목소리가 들릴 리 없었다. 시위는 배부른 자들이나 빨갱이들의 소행이라고 생각했다.

그러던 6월 어느 날, 아버지가 황망한 걸음으로 학원을 찾아 오셨다. 그리고 진주경찰서로 함께 가자고 하셨다. 내가 놀라서 무슨 일이냐고 물었더니 '형님이 경찰서에 잡혀 있다!'고 하셨다.

부랴부랴 달려가니 형님이 유치장에 앉아 있다가 아버지와 나를 보고 놀라 일어섰다. 짧은 면회가 시작되려는 찰라, 나는 태어나서 처음으로 아버지가 자식의 뺨을 때리는 장면을 보고 말았다.

"우리가 어떻게 공부를 시키고 있는데 니가 이럴 수 있나? 하라는 공부는 안 하고 데모나 하고 있었다는 말이가?"

형님이 데모를 하고 있었다는 사실도, 아버지가 처음으로 자식의 뺨을 때린 사실도 나에게는 너무나 큰 충격이었다. 그 일을 겪은 후, '형이 저러면 내가 더 공부를 열심히 해야지.' 생각했다. 마음속에 '공부! 공부! 부모님께 효도!'만을 생각하며 대학 진학을 했던 것이다.

그렇게 굳은 결심을 하고 입학하여 얼마 지나지 않았을 때였다. 부산대학교 정문을 지나 수업을 듣는 인문관(구 본관)으로 가는 길에 사진 전시회가 열린 것을 보게 되었다. 무심코 눈을 주며 걷던 나는 망치로 머리를 얻어맞은 듯한 충격에 휩싸이게 되었다.

80년 광주항쟁 때 희생된 사람들의 사진을 난생 처음 보았던 것이다. 머리가 으깨진 사람, 다리와 팔이 잘려나간 사람, 그리고 광주항쟁의 진실에 관한 설명들. 사진은 차마 눈뜨고 볼 수 없었지만 글들은 한 자도 놓치지 않고 읽었다. 배부른 자들이나 빨갱이들만 시위를 한다고 믿었던 나는 처음 접하는 사실에 많이 놀랐다.

이 사진들이 만일 역사적 진실이라면 있을 수 없는 일이다. 어떻게 국민을 지켜야 할 국가권력이 국민의 목숨을 앗아갈 수 있다는 말인가. 모든게 궁금해졌다.

그리고 얼마 지나지 않아, 나는 내 발로 학생회관에 있는 학습 동아리들을 방문했다. 적어도 한국사회의 모순과 문제가 무엇인지는 알아야 대학생의 자격이 있다는 생각이 들었기 때문이었다. 결국 '지역 삶 연구회'라는 학술 동아리에 가입하게 되었다. 이렇게 해서 내 인생의 커다란 방향이 바뀌기 시작했다. 단지 몇 장의 사진 때문에.

"선배 이건 아닌 것 같아요!"

동아리에서 본격적인 학습이 시작되었다. 한국사회의 문제가 어디에서 기인하는지, 어떻게 해결할 것인지를 체계적으로 공부하고 토론하는 것이다. 다양한 책들을 읽고 동료들과 토론했다. 철학, 사회과학, 경제학의 영역에서부터 각종 이념서적까지도 진실을 알기 위해서 학습했다.

그런데 책을 읽으면 읽을수록, 토론을 하면 할수록 선배들의 가르침에 의문이 들었다. 내가 관심을 가졌던 것은, 대한민국이 산업화를 거쳐 어느 정도 경제성장을 이루었는데, 왜 노동자, 농민, 도시빈민의 삶은 나아지지 않는가? 이었다. 왜 갈수록 삶이 팍팍해지고 힘들어 자살하는 사람이 생기는지 이유를 알고 싶었다. 이 문제를 해결할 수 있는 방안을 찾고자 하는 것이 내가 동아리에 가입한 이유였다.

하지만, 선배들은 한국사회의 문제는 미국의 한국에 대한 지배에서 기인하는 것으로만 해석했다. 한국사회의 문제를 해결하기 위해서는 남과 북으로 나뉘어져 있는 우리 민족이 하나로 뭉쳐서 미국을 몰아내야 한다고 강조했다. 그래서 모든 시위 구호는 "양키 고 홈!"(Yankee go home!, 양놈들 집에 가라!), "오라 남으로! 가자 북으로! 만나자 판문점에서!" 였다.

나로서는 도무지 이해가 가지 않았다. 미국이 우리를 지배하고 있는가? 미군이 철수하고 미국정부가 한국에 관심을 안 갖게 되면 과연 우리 국민이 행복해질 수 있을까? 이 모든 주장이 자신의 국민을 굶겨 죽이는 북한 정부의 논리와 뭐가 다를 게 있는가?

의문은 계속 되었고, 결국 나는 '이것은 종북주의(從北主義)다. 다양한 목소리를 허용하지 않는 노동당 일당 독재, 국민은 굶어 죽어도 절대로 개방하지 않는 김일성 독재정권, 외국의 지원으로 핵개발을 하는 폭력정권을 추종하는 노선이다.' 라고 판단했다.

그런데 하필이면 내가 소속했던 '지역 삶 연구회'가 북한의 주체사상을 신봉하는 NL노선의 핵심적인 동아리 중에 하나였다. 역설적이게도 동아리의 핵심 선배들로부터 체계적인 학습을 받으면 받을수록, 나는 점점 더 이 노선이 틀렸다고 굳게 확신하게 되었다.

2학년이 되어 동아리 회장으로 뽑혔을 때, 결국 나는 결단을 내렸다. 우리 동아리를 더 이상 잘못된 노선에 끌려다니게 둘 수 없고 더 이상 후배들을 혼란스럽게 할 수도 없다고 결심하고 동아리의 노선 전환을 결행했다. 주류파인 NL주사파에서 민주주의와 사회개혁, 그리고 학생들의 권익옹호를 우선으로 하는 비주류노선으로 전환한 것이다.

세상의 모든 일이 그렇듯이, 사람들이 많이 몰려 있는 곳에 함께 하는 것이 편하다. 학생운동도 마찬가지다. 주류파에 있으면 함께 고민할 동료도 많고 시위를 해도 인원이 많아 신이 날 때가 많다. 하지만 '이건 아니다!'고 내면의 외침이 강해지는데 어떻게 그냥 덮어 둘 수가 있겠는가. 비록 곁에 사람이 적어도, 그래서 외로워도, 옳다면 그 길로 가야 한다고 생각했던 것이다. 그래서 선배들에게 선언했다.

"선배님. 이건 아닌 것 같습니다. 내가 생각하는 옳은 노선으로 가겠습니다."
"니가 왜 이러노? 다른 사람도 아니고 니가 어떻게 이럴 수 있노?"

여자 선배는 울기까지 했다. 하지만 나는 결심을 바꾸지 않았다. 비주류에서 주류파로 전향한 것이 아니라 주류파에서 비주류로 옮긴 것이다. 흔히 볼 수 있는 전향은 아니었고 그만큼 반대도 많았지만 그것이 옳은 길이라는 나의 소신은 변함이 없었다.

즐거웠던 군 생활

대학 2학년. 학교생활에 본격적으로 적응해 열심히 공부를 해야 할 시기이다. 하지만 나는 이때 동아리 회장이 되었다. 솔직히 학과 공부보다는 동아리 회장직에 열심이었다. 게다가 운동 노선을 전환시킨 것 때문에 더 큰 책임감을 느꼈다. 동아리의 신입회원도 늘이고 활동력도 배가시키기 위해 많이 노력했다.

NL주사파의 추상적인 통일운동에 반대되는 농촌봉사, 노동자 권익 향상, 노점상 문제 등의 활동에 진력을 다했다. 그 과정에서 나는 더욱 노선 전환이 옳았다는 확신을 가지게 되었고, 확신이 강해지는 만큼 나의 모든 에너지를 분출시켜 활동하고 있었다.

그러나 세상은 변하고 있었다. 동구 사회주의권이 붕괴하기 시작했고 한국사회 역시 민주화가 실현되기 시작했다.

나는 4학년이 되는 해인, 1992년에 군에 입대를 했다. 2월 21일, 추운 겨울 논산훈련소. 머리를 빡빡 민 나는 한 치의 망설임도 없이 당당히 군에 입대를 했다.

훈련소에 들어서자마자, 교관들의 목소리가 쩌렁 쩌렁 울렸다.

"왼쪽으로 굴러! 오른쪽으로 굴러! 일어서! 지금부터 오리걸음!"

바로 군기 잡기에 나선 것이다. 한겨울이지만 땀이 비 오듯 흘렀다. 나는 논산훈련소 28연대 3중대의 훈련병으로 편재되었다. 반나

절 동안 교관이 군기 잡기를 시키더니 중대장을 뽑아야 한다며 훈련병을 쭉 살펴보고 나를 지목하며

"너! 이리 나와! 오늘부터 중대장이다!"
"예! 158번 훈련병 이성권! 알겠습니다."

이렇게 해서 갑자기 훈련소에서 중대장을 맡게 되었다. 나중에 교관한테서 들은 얘기지만 눈썹이 부리부리하고, 목소리 제일 크고, 깡다구가 좋아서 중대장을 시켰다고 한다. 직업과 학력, 전공도 각기 다른 훈련병들을 이끌기 위해서는, 모든 것을 솔선수범해야 했다. 다른 중대와의 경쟁도 있었기 때문에 모든 것이 나에게 달려 있었던 것이다. 그렇게 노력한 덕분인지 훈련소를 퇴소할 때 별 두 개(소장)인 훈련소장으로부터 표창장을 받았다.

군 생활은 즐거웠다. 군대생활이 체질인 것처럼 잘 맞았다. 규칙적인 생활, 육체적으로는 힘들었지만 자신의 한계와 싸우는 훈련, 다양한 운동 등 모든 것이 다 즐거웠다. 여자들이 가장 싫어하는 것이 남자들의 군대 얘기, 축구 얘기이고, 그 중에서도 특히 싫은 것이 군대에서 축구한 얘기라고 한다.

하지만, 남자들 인생에 있어서 군복무 시기는 가장 고귀한 순간 중의 하나이다. 절대 가볍게 평가해서는 안 된다. 첫사랑에 대한 여자의 마음과 별반 다를 게 없다. 그래서 나는 군대생활을 당시에도 즐

군복무 시절

겹게 했고, 지금도 그 순간이 행복했다고 생각한다.

자대 배치를 받고 보니, 전역을 앞둔 병장 몇 명 정도만 나와 나이가 같고 모두들 나이로는 내 아래였다. 내가 늦게 입대한 탓이었다. 하지만 군대는 나이와 직업이 아니라 계급으로 움직이는 조직이니 철저히 따랐다. 당시에는 구타 등 가혹행위가 많이 남아 있던 때라 신참병들은 많이도 맞았다. 주먹으로도, 전투화로도, 각목으로도. 특별한 이유도 없었다. 그냥 군기가 빠졌으니 맞아야 한다고 했다. 그러려니 생각했다. 군대는 원래 그런 곳이라고 여겼다. 지금 생각해 보아도 억울하지는 않다. 나이도 다르고 살아온 길도 다르고 성격도 다르고 고향도 다른, 피 끓는 젊은이들을 계급과 서열이 아니면 무슨 수로 통솔할 수 있었겠는가. 민주적인 리더십을 배워 본 적도 없는 사람들인데 어떻게 다른 방법으로 통솔력을 발휘하겠는가. 그냥 과거부터 있어왔던 방식으로 따라할 뿐이었던 것이다. 나는 구타와 가혹행위를 한 고참병들을 맞으면서도 어느 정도 이해하고 맞았다. 이런 방식 말고는 후임병을 통솔해 본 적이 없으니 어쩌랴...

하지만, 나는 고참병이 되어서 단 한번도 신참병들을 때려 본 적이 없다. 왜? 군기는 매와 무력으로 생기는 것이 아니라는 생각 때문이었다. 오히려 속으로 고참병에 대한 증오심과 반발심만 키울 뿐이다. 다만 표출을 하지 못할 뿐이지. 군기는 그 군기를 요구하는 사람에 대한 존경심으로부터 나온다. 그리고 그것은 말과 무력이 아니라 그 군기를 요구하는 사람 스스로의 솔선수범하는 행동과 자세로부터 싹

튼다. 자신은 군기가 빠질 대로 빠져 있으면서 매와 무력으로 군기를 잡는다고 그것이 잡히겠는가.

군대에서 전역할 때 흔히 그런 말들을 한다. "오늘 이 순간부터 자신의 군부대 방향으로는 오줌도 안 눈다." 그 정도로 군대 생활이 지긋 지긋하다는 것을 의미한다. 특히 군대 고참들과는 상종도 안 하려는 경우가 대부분이다. 하지만 나와 함께 군 생활을 했던 사람들은 지금도 모이고 있다. 전국에 흩어져 있지만 경조사가 있으면 언제든지 모여든다. 저녁에 소주라도 걸치게 되면 군 생활 때의 에피소드로 새벽을 맞이한다. 적어도 우리 모두에게는 즐거웠던 군생활이었던 것이다.

계란으로 바위를 깼던 총학생회장 선거

1994년 4월 24일 전역을 했다. 그 해 2학기에 복학을 해야 했다. 고민에 빠졌다. 남은 대학생활은 1년. 졸업 후 나의 인생을 어떻게 할 것인가? 대학 입학 때 재수도 했고, 군대도 늦게 다녀왔기 때문에 불안함이 적잖았다. 늦었지만 남들처럼 취직 공부를 해서 일반적인 직장을 잡아야 할 것인가? 비록 내 인생이지만 나는 함께 동아리활동을 했던 선배와 동료, 후배들과 상의를 했다. 그 과정에서 깜짝 놀랐다. 내가 군에 다녀온 사이에 한국의 학생운동은 NL주사파에 심각하게 오염되어 있었다. 특히 내가 몸담고 있는 부산대학의 상황이 심각했다. 복학했을 당시 부산대 총학생회장이 '한총련' 의장이었기 때문이었다. 어떻게 할 것인가? 이제 곧 졸업할 처지이니 모른 체 할 것인가?

그러나 그건 정말 무책임한 행동이라고 생각했다. 동아리의 운동노선을 전환시켰던 내가, 나만 살겠다고 빠져나올 수는 없었다. 결국 부산대 총학생회의 흐름을 바꾸고 싶었다. 그것을 내가 해야 한다는 결론에 이르렀다.

그런데 사실 그것은 계란으로 바위치기 보다 더 어려운 일이었다. 부산대학교 학생운동 역사상 한 번도 비주류파가 당선된 선례가 없었다. 12개 전 단과대학의 주도권을 주류파인 NL 노선이 잡고 있었고 당시의 총학생회장은 전국 학생운동을 대표하던 '한총련'의 의장이었다. 한마디로 부산대학은 그냥 바위가 아니라 NL주사파 운동권의 철옹성이자 성지와 같은 곳이었다. 이런 세력에게 조직력도 거의 없는 비주류파인 내가 '맞짱'을 뜬다는 것은 무모함을 넘어 자살행위와도 같았다.

선거전이 시작되었다. 모두들 우리를 깔봤다. 주류파인 NL파는 키도 크고 잘 생기고, 부산대학교 학생의 1/4이 있는 공과대학 학생회장을 선발해서 총학생회장 후보로 내세웠다. 그 후보의 깃발 아래에는 500명에 가까운 운동원들이 운집했다. 하지만, 나는 군에 갔다 온 늙다리 예비역이었다. 그리고 선거 캠프에는 고작 30명 정도의 동료뿐이었다. 하도 사람이 없어서 다른 학교의 후배가 와서 도와줄 정도였다. 아무도 비주류인 우리가 이길 것이라고 생각하지 않았다. 하지만, 나는 선거가 시작되기 전부터 승리를 확신하고 있었다. 학생들의 어려움이 무엇인지 알고 시작했기 때문이었다. 학생들은 과도한 정치투쟁과 이념투쟁에만 몰입하는 학생운동권에 대해 실망하고 있었다. 학습 환경과 학생들의 삶의 문제에 관심을 가져주길 바라고 있었다. 이 문제에 대해 진정성을 가지고 접근하면 학생들이 반드시 호응해 줄 것이라는 믿음이 있었다. 선거가 중반전으로 접어들자 기류가 바뀌기 시작했다. 상대후보 진영은 불안감을 느끼기 시작했는지 당당함을 잃어버리고 흠집 내기와 트집 잡기 등 기성정치인과 같은 선거전을 펼치기 시작했다. 나는 이 순간, '아, 드디어 확실히 우리가 이기겠구나!'라고 안도했다. 드디어 투표가 마감되고 학생회관인 문창회관 5층 대강당에서 개표가 시작되었다. 각 단과대학별로 투표함이 개표되는데 거의 모든 단과대에서 압도적인 표차이로 이겼다. 역대 부산대학교 총학생회장 선거에서 주류파인 NL이 비주류파에게 이긴 표 차이보다 더 큰 차이로 이겼다. 계란으로 바위를 깼던 것이다.

"니가 왜 테레비에 나왔냐?"

당시 전국의 학생운동권에서 난리가 났다. NL의 아성인 대학, '한총련' 의장까지 배출한 대학에서 비주류파가, 게다가 이름도 듣도 보도 못한 예비역이 당선되었으니 한바탕 소란이 난 것이다. 심지어는 언론도 '학생운동에 새로운 바람이 불고 있다'며 집중 취재를 했을 정도였다. 총학생회장 선거가 끝나고 하루 뒤, 고향에 계신 아버지로부터 자취방으로 전화가 걸려왔다.

"성거(성권)이가? 이기 뭔 일이고? 저녁에 테레비를 보는데 니가 나오던데 니 맞나? 총학생회장 된 거 맞나? 그거 운동권 아이가?"

"예. 다 맞십니더. 자세한 건 주말에 내려가서 말씀드리겠십니더."

이변을 일으킨 총학생회장 선거가 TV의 부산경남 뉴스에 나갔는데 아버지가 그것을 주무시기 전에 보고 놀란 것이다.

대학 입학과 동시에 동아리 활동을 위주로 했던 나는, 부모님께는 절대 내색하지 않았다. 열심히 공부하는 아들로만 생각하실 수 있도록 노력했다. 성적이 좋지 않아 장학금을 못 탈 때는 교수님께 부탁해 '근로 장학금'을 받을 수 있도록 했고 그것도 여의치 않을 때는 신문배달과 같은 아르바이트도 했다. 어렵게 농사를 지어 자식 공부시키는 부모님의 마음을 아프게 해 드리고 싶지 않아서였다. 그렇다고 내 소신을 포기할 수도 없었으니 그런 연유로 총학생회장 출마 때도 말씀드리지 않았던 것이다.

주말이 되어 사상구 시외버스터미널로 가서 남해로 가는 버스에 몸을 실었다. 선거로 지친 몸이었지만 머릿속은 복잡하기만 했다. 내 인생은 어디로 향하고 있는가?

나만 옳다는 위험한 망상

총학생회장 임기 1년. 결코 장밋빛 화려함은 없었다. 가장 힘들었던 것은, 민주주의를 주장하고 국가권력의 부정과 맞서 싸워야 할 학생운동권 내부로부터의 공격과 견제였다. 비록 노선은 달라도 같은 동료라고 생각했던 이들의 발목잡기는 여간 힘든 게 아니었다. 3월 개학과 동시에 총학생회 출범식을 치러야 했다. 그러기 위해서는 모든 학과 학생회장이 모여 구성된 '대의원 대회'에서 총학생회의 총노선을 인준해야 한다. 이 총학생회는 총노선에 입각해 1년 사업을 하는 것이니 총노선은 총학생회 사업의 나침반 역할을 하는 것이다.

그러나 총학생회장 선거에서 진, 주류파인 NL주사파는 협조하지 않았다. 총학생회는 우리에게 넘겨주었지만, 절대 다수의 단과대 학생회장과 과학생회장을 장악하고 있어 이 세력을 이용해 선거로 당선된 우리의 노선을 인준해주지 않았던 것이다. 한마디로 정치로 따지자면 여소야대의 정치지형 속에서 발목잡기에 고통을 겪어야 했던 것이다.

5월 대동제(축제), 10월 학술제 등 큰 행사의 방향을 정하는데 있어서도 사사건건 발목을 잡았다. 심지어는 늦은 밤 총 학생회 사무실로 돌멩이가 날아들어 유리창이 깨진 적도 있었다. 민주주의란 무엇인가? 자신의 생각과 철학, 정책을 마음껏 펼칠 수 있는 기회가 보장되는 것. 그리고 공정한 경쟁과 그 결과에 대한 승복. 이것이 바로 운동권이 국가권력에 요구해 왔던 민주주의이다. 하지만 독재와 싸우면서 독재를 닮아 버린 것일까. 싸우면서 닮는다는 말대로 된 것일까.

당시에 '나만 옳다.'는 독선과 독단이 판을 치고 있었다. 입으로는 애국과 시대정신을 주장하고 있었지만 행동으로는 극단적인 흑백논리에서 벗어나지 못했던 것이다. 입은 민주주의를 외치고 있지만 행동은 독재정권의 행동을 하고 있었다. 요즘 언론에서 최근 기사화 되고 있지만 당시에는 이념성향이 강한 학생회 간부들이 같은 학생인데도 불구하고 공안당국의 프락치로 몰아서 감금하고 온갖 고문을 자행하고 심지어는 사망에 이르게 하는 사건도 있었다.

총학생회장 때 노선이 다른 운동권 세력으로부터 집중적인 견제를 받아봤던 경험 때문일까?

요즘 정치권을 보면 과거의 경험이 자꾸 소환된다. 지금의 정치는 여야간에 소통과 협상, 타협이 없다. 흑백논리, 진영대결, '우리 편 아니면 적'이라는 극단정치가 대한민국 정치를 갉아 먹고 있다.

국가발전을 위해서는 필요한 국민적 합의가 있어도 야당은 무조건 여당의 발목부터 잡아놓고 시작한다.

80년대 학생운동이 군사독재를 몰아내는데 큰 기여를 한 것은 사실이지만, 한편으로는 그 주도세력이 지금의 한국사회를 극단적인 진영대결, 그리고 세상을 선과 악으로만 구분하는 유아적인 흑백논리라는 독버섯을 뿌린 부작용도 있는 것이다.

움직이는 학생회, 통 유리창 사무실

비록 학생운동권 내부로부터 무수한 견제를 받았지만, 나는 개의치 않았다. 나를 총학생회장으로 만들어 준 것은, 그리고 내가 관심을 가져야 할 정작 중요한 대상은 운동권이 아니었다. 오로지 일반 학생대중이었다. 내게는 이들의 목소리를 듣는 게 가장 시급하고 중요했기 때문에 작은 목소리도 크게 듣기 위해 노력했다.

우리는 학생들을 직접 찾아갔다. '이동 총학생회'를 운영했던 것이다. 총학생회 사무실을 박차고 나와 도서관 로비, 학생 식당 등 학생들이 많이 다니는 곳에 책상을 펼쳐 놓고 직접 현장에서 학생들의 건의 사항을 청취했다. 요즘 정치권에서 국회의원들이 현장에서 민원의 날을 많이 운영하지만 1995년에 나는 이미 총학생회를 그렇게 운영했다, 호응이 엄청났다.

여기에 더해 아예 학생회관에 있던 총학생회실의 콘크리트 벽면을 허물어 버렸다. 복도를 다니는 학생들이라면 누구나 총학생회실 안을 볼 수 있도록 통유리를 설치해 버린 것이다. 밀실에서 음모만 꾸미는 학생회가 되지 않겠다는 것을 의미했다. 일반 학생들은 환호했다. 대학사회에서 권력을 가진 학생운동권이 아니라, 그동안 소외되었던, 침묵하는 절대 다수의 학생들과 함께 한 덕분이었다.

총학생회장 시절, 역시 가장 보람 있었던 일은 학생들의 학습 환경을 개선한 것이다. 대표적인 사업이 도서관 개선사업이다. 공대생들이 가장 많이 이용했던 구(舊)도서관은 워낙 지어진지 오래되어 장마철만 되면 천정에서 빗물이 떨어졌다. 평소에는 줄이 잘 맞추어진 책상들이 비가 오는 날이면 비가 새는 곳을 피해 삐뚤삐뚤 변형되었다. 그리고 그 사이에는 세수대야와 양동이가 놓여, 뚝뚝 떨어지는 빗물소리를 담아내고 있었다. 한강 이남의 최고 대학의 도서관치곤 정말 자존심 구기는 장면이 아닐 수 없었다. 나는 학교측과 협상을 한 끝에 전면 방수공사 예산을 따내어 빗물이 새는 것을 완전히 해결했다.

부산대학교의 가장 큰 도서관인 중앙도서관도 큰 변신을 했다. 칙칙한 도서관 옥상을 녹색공원으로 만든 것이다. 중앙도서관은 5층이지만 엘리베이터가 없었다. 고층에서 공부하는 학생들은 머리를 식히기 위해서 모두 1층으로 내려와야 했다. 그렇게 오르락내리락 하는 시간이 아깝기도 했거니와, 도서관 입구에서 담배를 물고 장사진을 치고 있는 학생들의 모습이 보기 좋지는 않았다. 그래서 고층의 학생들이 옥상에서 시내를 내려다보면서 머리를 식히면 좋을 것 같다는 생각을 하게 된 것이다. 옥상공원은 요즘은 흔하지만 당시에는 매우 실험적이고 선도적인 사업이었다.

나는 지금도 학생회장 시절 우리의 노력과 열정을 기억하고 있는 동문들을 만나면 기분이 좋다. 그것이 나의 존재이유이기 때문이다.

해법을 기획하고 대안을 찾는 즐거움

대학 4년. 어찌 보면 데모만 하면서 청년시절을 다 보낼 수도 있었던 시간이었다. 그러나 나는 총학생회장으로서 학생들의 권익을 옹호하고 학교의 운영에 직접 개입해 보는 소중한 경험을 했다. 그리고 그 짧은 경험 속에서 내가 어떤 일을 가장 좋아하는지 알게 되었다. 나를 발견한 것이다.

말만으로 막연하게 비판하는 것, 구조적 접근이라는 미명하에 추상적이고 대안없는 비판에 집중하는 행위는 나의 성격이나 취향에 맞지 않다는 것을 알게 되었다. 그보다는 실질적인 대안을 모색하고 그 일을 집행하는 것을 좋아하고 잘한다는 것을 알게 된 것이다.

내 삶의 중심에는 나 혼자의 미래만 존재하지 않았다. 내 머릿속에는 언제나 다수 대중의 의지와 삶이 함께 자리하고 있었다. 나의 노력과 열정으로 그들의 삶에 작은 변화라도 만들고 싶다는 욕망이, 내 가슴속에 깊게 자리하고 있다는 소중한 사실을 깨달은 것이다. 대중을 위해서 해법을 기획하고 대안을 찾는 것이 얼마나 소중한 일인지, 그 과정에서 뜻 맞는 사람과 동지가 되는 것이 얼마나 즐겁고 보람찬 일인지, 동지들과 함께 어려움을 극복해 나가는 일이 얼마나 귀중한 일인지를 총학생회장 시절에 배웠다.

약속의 소중함도 알게 되었다. 대중을 상대로 애써 만들고 기획한 약속을 지켜냈을 때 그 보람이 얼마나 큰지도 알았다. 내가 다른 사람들의 삶에 조금이라도 긍정적인 변화를 주었을 때, 그들이 얼마나 기뻐하는지도 깨달았다. 도서관이 달라진 것을 보고 기뻐하는 학생들을 보면서 큰 보람을 느낀 것이다. 그것은 한마디로 '참된 나의 발견'이었다.

'앞으로 내 인생을 어떤 방향으로 펼쳐가야 할지', 그동안은 흐릿하고 뿌옇게 형체를 알아볼 수 없던 그림이 비로소 내 머릿속에 선명하게 그려지기 시작했다.

시간이 흘러 졸업이 가까워왔다. 군 제대 후 복학을 앞두었을 때처럼, 이제 어떤 길을 가야 할지 고민이 밀려왔다. 다른 운동권 선배나 동료들처럼 시민단체 활동가가 되는 것은 어떨지 생각해 보았다. 하지만 이내 생각을 접었다. 민주주의가 완전히 정착되지 않았고, 부정과 부패가 만연한 한국사회에서 시민단체의 역할이 막중함을 누구보다도 잘 알고 있었지만, 역시 비판보다는 대안을 만들고 집행하는 일이 더 하고 싶었다. 총학생회장을 하면서 느낀 경험 때문이었다. 자연스럽게 한국 사회 발전에 큰 영향력을 미치고, 일반 국민의 생활을 크게 좌우하는 제도정치권에 진입하고 싶다는 생각을 하게 되었다.

궁하면 통한다고 했던가? 그 무렵 선배로부터 동아대 출신의 정치 거물이었던 박관용 국회의원의 비서직을 제안받게 되었다. 물론 쉽

사리 결심이 서지는 않았다. 일단 만나보고 결정해야겠다고 생각했는데 면담을 하고 나니 확신을 가지게 되었다. 그분과 코드가 맞는다는 느낌이 강하게 들었다. 박관용 의원은 합리적인 정치인으로 정평이 나 있었지만 만나 보니 실제로도 정말 균형감이 있었다. 또한 김영삼 대통령의 초대 비서실장을 하면서 금융실명제를 관철시킨 개혁적인 인물이기도 했다. 북한 문제를 바라보는 시각도 현실적이었다. 처음부터 '이 사람이라면 믿을 수 있겠다.'는 생각이 강하게 나를 이끌었다.

문제는 그가 보수정당인 신한국당(현 국민의힘) 소속이라는 점이었지만, 나는 당보다는 사람을 먼저 보기로 생각했다. 당시 신한국당을 지지하지는 않았지만, 박관용이라는 의원 개인을 보고 제도정치권에 첫발을 내딛게 된 것이다.

한국과 일본의 정치의 중심에 들어가다

맨땅에 헤딩했던 비서관 생활
본받고 싶은 정치인 박관용
끊이지 않는 갈증. 늦깎이 일본 유학생
지문이 사라진 아내의 손가락
말을 더듬는 아들
일본 총리감을 찾아내다
주경야독(晝耕夜讀)의 정신으로!
일본 국회의원 최초로 한국어 홈페이지를 만들다
일본 국회의원을 서대문 형무소로 데려가다
일본 국회에서 중매쟁이가 되다
갑작스러운 총선 출마 제의
잘 곳도 없던 무일푼으로 공천을 받다

한국과 일본의 정치의 중심에 들어가다

맨땅에 헤딩했던 비서관 생활

나는 1996년 2월에 대학을 졸업했다. 그런데 바로 두 달 후인 그 해 4월, 15대 국회의원 총선거가 있었다. 박관용 의원은 당시 대통령 비서실장직을 마치고 국회로 복귀하기 위한 선거를 치러야 했다. 나는 그 선거에서 캠프를 꾸리는 단계부터 합류했다. 지금도 그렇지만 그 당시엔 특히나 보수정당의 젊은 층 지지율이 낮았다.

그런 상황에서 내게 맡겨진 임무는 청년층과 대학생층을 공략하여 지지를 이끌어 내는 것이었다. 선거 결과는 압도적인 승리였다.

이렇게 시작된 박관용 의원의 비서 생활은 바닥부터 시작했다. 여의도 국회의원회관에서 비서관 근무를 한 것이 아니라 지구당에서 1년 남짓 근무했다. 지역 관리 차원에서 운영하던 산악회의 산행도 따라다니고 지역 분들과 늦게까지 술도 마셨다. 지구당 내부의 협력과 경쟁도 목격하고 지방선거를 통해 작은 선거도 경험해 보았다. 이런 다양한 경험 덕분에 지역구 관리에 대해서 많은 것을 배울 수 있었다.

그런데 종종 주변에서 이렇게 물어보는 사람이 있었다. "학벌 좋고 총학생회장도 했는데 왜 의원회관으로 가지 않고 지역에 남아 있느냐?"고. 내 대답은 간단했다. "때가 되면 가겠지요." 실제로 나는 초조하거나 마음이 상하거나 하지 않았다. 여의도의 국회 의원회관에서 배울 수 없는 것을 경험할 수 있었기 때문이다. 내 인생의 철칙이 있다. '어디서든 배울 게 있다. 누구한테든 배울 게 있다.'

나는 지구당에 있으면서 동래구와 연제구 사이를 흐르는 온천천의 개조사업에 관여했다. 온천천은 자연형 하천으로, 접근성 좋은 친수공간인데, 15대 국회 때 박관용 의원이 개조사업을 추진하기 시작했던 것이다. 지구당에서의 근무는 환경과 복지 관련 사업을 현장 중심으로 공부할 수 있는 좋은 기회였다.

그렇게 1년여의 지구당 생활 끝에 나는 서울로 호출을 받아 여의도의 국회의원회관으로 출근을 시작했다. 당시 박관용 의원의 상임위는 '통일외무위원회' 소속이었다. 나는 박관용의원의 의정활동 보좌를 위해 매우 다양한 자료를 만들어내야 했다. 대학에서 철학을 전공한 통에 학교공부는 현실정치에 거의 실용적인 도움은 되지 못했다.

결국 나는 남들보다 훨씬 더 피나는 노력을 해야 했다. 몇 년 치 상임위 회의록을 몇 번이고 읽고 나니 흐름이 잡혔고 무엇이 현안인지

파악이 되었다. 그렇게 맥을 잡고 난 뒤에는 전문가 면담, 연구 서적 및 보고서 탐독을 반복하자 자연스레 만족스러운 자료를 만들어 낼 수 있었다. 하지만 그렇게 일에 매달려 있는 동안 아예 퇴근을 못하고 의원회관에서 숙식하는 경우가 다반사였다.

내가 워낙 워커홀릭으로 일을 하자 딱하게 보였는지, 어느 날 박관용 의원이 나를 따로 불렀다.

"이 비서관! 요즘 고생 많은 것 알고 있네. 열심히 하는 모습이 보기 좋네."

"네. 감사합니다. 더 열심히 하겠습니다."

"자네. 내가 왜 두꺼운 안경을 쓰고 있는지 아는가?"

"잘 모르겠습니다."

"나는 젊은 시절부터 두꺼운 안경을 썼네. 시력이 빨리 나빠진 것이지. 옛날에 내가 이기택 의원의 비서를 할 때 나빠졌지. 투쟁과 공부를 병행해야 했던 시대였지. 제대로 정치를 하려면 많이 알아야 하는데 잠자는 시간을 할애하면서 공부를 하다 보니 눈이 나빠지더군. 어쨌든 눈은 나빠졌지만 열심히 공부하고 노력한 덕분에 오늘의 내가 있는 것이야. 자네도 충분히 그럴 자질이 있으니 열심히 하게."

언젠가 박관용 의원을 모시고 수행 할 때였다. 차량으로 이동 중이었는데 박관용 의원이 조수석에 타고 있던 내 어깨를 뒤에서 툭 치며 말을 걸었다.

"이 비서관! 나는 사주나 관상을 믿지는 않는데 얼마 전에 용하다는 사람이 아내한테 내 사주를 봐주었다고 하네. 그런데 내 밑에 이(李)씨 성을 가진 아주 젊은 사람이 큰 인물이 된다는 거야. 그래서 우리는 그게 아마도 자네일 것이라고 생각했네. 열심히 하게."

박관용의원은 그렇게 젊은 시절의 나에게 진심어린 충고와 따뜻한 격려를 많이 해주셨다. 보좌진의 마음에 용기를 불어 넣어주고 감동시킬 수 있다는 사실 자체만으로도 아주 훌륭한 정치인이다. 비록 맨땅에 헤딩하는 비서관 생활이었지만 이런 분을 모셨기에 즐거운 마음으로 일할 수 있었다.

본받고 싶은 정치인 박관용

누구나 인생을 살면서 본받고 싶은 사람이 있게 마련이다. 나는 정치인 중에서 박관용 의원을 으뜸으로 꼽는다. 마치 귀한 보석이 먼 곳에 있는 게 아니라 가까운데 있는 것처럼. 이 분은 일일이 사례를 들기 어려울 만큼 훌륭한 점이 많이 있지만, 특히 지금의 한국 정치에서 가장 필요로 하는 품성과 자질을 가지고 있던 분이었다.

박관용 의원은 4.19세대이다. 당시의 독재정권에 항거하기 위해 스스로 대의를 위한 물결에 뛰어들었던 인물이다. 알다시피 4.19 민주 혁명은 우리 근현대사에 있어서 막중한 역할을 했다. 우리 헌법 전문에도 3.1독립 정신에 이어 4.19정신의 계승이 명시되어 있다. 그는 올바른 시대정신과 역사의식을 가지고 동아대학교 재학 때부터 역사적 운동을 했던 개혁적인 인물이다. 비록 세대는 다르지만 80년 민주운동 세대인 나로서는 존경하지 않을 수 없다.

또한 박관용 의원은 노력하는 정치인이다. 참모에 의존하지 않고 스스로 끊임없이 공부한다. 보좌진이 만들어 준 자료나 질의서는 한 번 보고 내용을 파악해버린다. 당시 15대 국회의 상임위는 '일괄질문 일괄답변' 방식으로 운영되었다. 즉 의원과 장관이 묻고 답하는 '일문일답' 방식이 아니라, 10분간 의원이 질의서를 읽고 나면 장관이 의원들의 질의를 모두 모아서 일괄 답변하는 것이다. 의원이나 장관이나 참 편하게 상임위에 임한 것이다. 그래서 대부분의 국회의원은 보좌진이 준비한 질의서를 낭독하는 수준이었다. 그러나 박관용 의원은 직접 일문일답 방식으로 질의를 끌고 갔다. 이것이 가능했던 것은 우선 자기 철학이 확실하게 서 있고, 많은 공부를 통해 지식을 축적했기 때문이다.

내가 박관용 의원에 대해 가장 존경하는 부분은 '의회주의자'임을 잊지 않으셨다는 점이다. 그는 국회의원이라는 신분이 어떤 임무를 갖고 있는 존재인지 가장 깊이 있게 이해하셨던 분이었다. 대의 민주주의 제도 아래서 국민의 대변자로서 행정부를 어떻게 견제하고 감시해야 하는지 꿰뚫고 계셨다. 그래서 정치적 술수를 좋아하지 않으셨고 국민의 목소리를 그대로 전달하는데 충실했다.

박관용 의원은 국회의장 시절 한국 헌정사에 큰 획을 그었다. 행정부의 독점적인 예산 편성권과 집행권을 견제하기 위해 국회에 '예산정책처'를 신설했던 것이다. 또한 국민 속의 국회를 만들기 위해 '국회방송국'도 세웠다. 어느 나라의 의회와 비교해도 뒤지지 않을 시스템을 갖춘 것이다.

끝으로 박관용 의원은 정치적 진퇴(進退)를 명확히 한 인물이다. 국회의장직을 마친 뒤에도 권력에 연연하지 않으셨다. 후배들에게 정치적 길을 터주고 물러난 것이다.

박관용 의원 밑에서 배운 4년간의 정치 수업은 참으로 뜻 깊은 시간이었다. 그 분은 나에게 커다란 가르침을 주셨다. 나의 정치 스타일이 어쩌면 그 분을 닮았는지도 모른다. 문제를 합리적으로 해결하려는 스타일, 스스로 배우려는 노력, 진퇴를 명확히 하는 자세. 지금 시대가 필요로 하는 정치인의 자질이지 않을까.

끊이지 않는 갈증. 늦깎이 일본 유학생

2000년 4월 13일. 제16대 국회의원 총선거를 마쳤다. 박관용 의원은 다시 국민의 신임을 받았고, 나는 비서관으로서 안도감을 느꼈다. 그리고 그로부터 5일이 지난 4월 18일. 내 발은 일본 나리타(成田)공항을 밟고 있었다. 33살의 늦은 나이였다. 처자식은 처갓집에 기거토록 하고, 비서관 때 서울에 전세 얻었던 돈 5천만 원을 빼서 들고 일본으로 날아간 것이다. 그 돈은 당시 나의 전 재산이었다. 모두들 '미친 짓'이라며 말렸다.

"국회의원 비서관이면 좋은 직장이다. 왜 사서 고생하려느냐?"

"일본어도 전혀 모르는 놈이 33살의 나이에 일본 가서 어쩌자는 거냐?"

"늦은 나이에 공부 마친다고 해도 한국 와서 자리가 있다는 보장도 없는데 전 재산을 털어서 잘못되면 어떡하려고."

모두 맞는 얘기였다. 생고생을 하게 될 것이라는 것도, 늦은 나이에 공부의 길을 택한 무모함도, 공부 마친 다음의 미래에 대한 불안감도.

하지만 나는 개의치 않았다. 나의 관심은 애시 당초 그런 것이 아니었기 때문이다. 나는 박관용 의원 사무실에서 정말 많은 것을 배우고 경험했다. 나의 정신세계와 세상을 보는 눈이 깊고 넓어졌다. 그러나 역설적이지만 그럴수록 세상이 정말 넓다는 것을, 보고 배우고 경험해야 할 것이 정말 많다는 것을 알았다. 그러다 보니 국회의원 비서관 생활이 너무 답답했다. 쳇바퀴 안을 열심히 달리는 다람쥐의 꼴과 다를 게 없이 느껴졌다. 죽어라 달리지만 제자리인 것이다. 그래서 결심했다. 불안하지만 쳇바퀴에서 나가자고. 대부분의 사람들이 반대했지만 아내는 달랐다. 내가 무엇에 목말라 하는지 알았다. '우리의' 전 재산을 털어서 '나에게만' 투자를 해야 할 상황이었는데도 한 치의 머뭇거림 없이 흔쾌히 동의해 주었다.

일본으로 유학을 결심하게 된 데는 나름대로 이유가 있었다. 한반도의 운명에 일본이 미치는 영향이 크다고 생각했기 때문이었다. 36년간 일제에 강점되었다는 '과거' 뿐만 아니라 남북통일이라는 '미래' 문제에 있어서도 일본은 절대 무시할 수 없는 국가일 것이라 판단했다. 미국, 중국, 러시아와 더불어 중요한 변수가 될 수 있는 국가인 것이다.

이런 중요성에 비해 한국과 일본에서는 시대의 흐름에 따라 전전(戰前)세대가 퇴조하고 있었다. 한국에서 전후(戰後)세대인 386 세대가 전면에 부상했듯이 일본에서도 '신인류(新人類)'라는 전후 세대가 등장하기 시작했다.

문제는 이들이 전전세대처럼 역사적 경험을 공유하고 교류하는 일이 별로 없다는 점이다. 그래서 서로 공유하고 교류하면서 새로운 세대의 한일관계를 이끌어갈 세력이 필요했다. 힘은 미약하지만 한반도의 통일과 새로운 한일관계를 위해서 작은 밀알이 되고자 일본으로 유학을 결심하게 되었다.

4개월 만에 16kg이 빠지다

마음이 급했다. 초조했다. 33살의 늦은 나이. 일본어는 이제 초급과정 시작. 학부 전공은 철학이었는데 들어가야 할 대학원 전공은 '국제정치학'.

게다가 진학목표는 어려운 시험을 통과해야 하는 와세다 대학이나 게이오 대학. 한국과 비교하자면, 고려대학교나 연세대학교인 것이다.

아무도 내 공부를 대신해 줄 사람이 없었다. 오로지 스스로의 힘만으로 승부를 내야 했다. 내가 할 수 있는 유일한 것은 죽지 않을 정도로 잠을 자면서 나머지는 공부에 전념하는 일이었다. 정말 하루도 빠지지 않고 4시간 이상 자본 날이 없다.

그 시절은 '사람이 이렇게 급속도로 살이 빠질 수 있구나!'를 절감한 시기였다. 4개월 만에 몸무게가 16kg이 빠졌다. 한국에서 가져온 바지가 바보처럼 헐렁해졌다. 주먹이 2개 이상 들어갈 정도로 허리살이 빠졌는데 벨트를 꽉 조이니 바지 주름이 이상하게 잡힐 수밖에. 대낮에도 별을 볼 정도의 현기증도 느껴 보았고 코피는 수시로 터졌다. 나중에는 어학원의 딱딱한 나무 의자가 고역이었다. 엉덩이에 살이 빠지니 뼈가 부딪혀 아팠다. 그래서 왼쪽, 오른쪽으로 번갈아 가며 엉덩이에 힘을 주어 앉아야 할 정도였다.

한국에 남겨둔 처자식을 일본으로 부르기 위해서는 대학원 시 험에 하루라도 빨리 합격해야 했다. 어학원에 다닐 때는 가족을 부를 수 있는 '가족동반 비자'를 발급받을 수 없었다. 대학원에 입학을 해야 가족동반비자를 받아서 가족을 불러들일 수 있었다.

이 때문에 나는 다니던 일본어학원의 원장과 크게 싸웠다. 보통 일본어학원 과정은 초급부터 시작해 2년 코스로 다닌다. 일본의 대학원에 입학원서를 낼 때 첨부하는 일본어능력시험(일본 정부가 관장) 1급을 칠 수 있는 기회는 2년차 어학원생에게만 준다. 1년차 코스에서는 중급 수준인 2급 시험에만 응시할 기회를 주는데 이것으로는 대학원 시험에 응시할 자격이 없었다. 대학원 응시를 위해서는 절대 1급 자격증이 필요했다. 매년 12월 초에 일본어능력시험이 있어 10월쯤 학원에서 일본어 능력시험 응시자 신청을 받는다. 나는 어학원에 입학한지 5개월 정도 밖에 안 된 초급자였는데 2급이 아니라 1급을 보겠다고 신청서를 냈다. 담임선생이 안 된다고 하기에 원장과 면담을 신청했다. 목소리를 높인 언쟁이 오고갔다.

"저는 무조건 1급 시험에 응시하겠습니다. 올해 대학원 시험에 응시해야 하는데 1급 시험 합격증이 있어야 합니다. 접수를 받아주십시오."

"안 되네. 2급 시험 응시는 허용하지만 학원 규정상 1급 시험은 2년차 학원생에게만 허용하네. 그리고 이제껏 초급과정에 있는 사람이 1급 시험에 합격한 사람도 없네."

"시험에 합격하고 못하고는 제 책임입니다. 일단 1급 시험 볼 수 있는 기회만 주십시오."

"안 되네. 2급으로 신청을 하든 말든 알아서 하게."

"알겠습니다. 그럼 시험 자체를 응시하지 않겠습니다."

나는 원장실을 박차고 나왔다. 일본어능력시험은 학원에서 집단으로 응시원서를 낼 뿐만 아니라 개인 접수도 가능했다. 학원에는 응시 자체를 안 한 것처럼 했지만 실제로는 개인 접수를 통해 1급 시험에 지원을 했다. 물론 아무에게도 알리지 않았다. 시험 때까지 자존심을 건 공부가 지속되었다. 학원 수업이 끝나고 나면 혼자서 1급 시험공부를 해야 했다. 밤을 낮 삼아 공부하는 날이 지속되었고 마음을 졸이며 시험을 치렀다.

얼마 후 기숙사로 성적통지서가 날아왔다. 합격이었다. 그것도 400점 만점에 350점 정도의 높은 점수로. 다음 날 통지서를 가지고 학원으로 갔다. 담임선생과 원장에게 내밀었다. 모두들 아무 말이 없었다. 하지만 돌아서 나올 때 뒤통수에 "독한 놈!"이라는 말이 들리는 것 같은 느낌이었다.

나의 공부는 대학원 시험에 합격할 때까지 계속되었다. 와세다 대학 대학원이 목표였다. 입학시험은 일본인과 외국인 전형이 분리되어 있지 않아 동일한 조건으로 치러야 했다. 전공도 학부 때 전공과 아무 관련이 없는 '국제정치'를 택했기 때문에 처음부터 하나 하나 배워야 했고 딱히 가르쳐 줄 사람도 없어서 철저하게 독학을 해야 했다. 일본어로 된 전공서적을 보며 공부하자니 속도가 너무 느려 한국에서 아내가 우편으로 보내 준 한국어 전공서적을 보며 공부했다. 일본어 실력도 높여야 하고 전공도 따로 준비해야 하는 힘든 상황이었다. 정말 무섭게 공부했다. 그 덕분인지 일본으로 건너간 지 1년 5개월만인 2001년 9월, 와세다 대학 대학원 과정에 합격했다. 입학 때 등록금 전액을 면제받는 장학금까지 받았다. 비로소 깊은 안도의 한숨이 나왔다. 그토록 그리웠던 아내와 아들을 일본으로 불러올 수 있게 된 것이다.

지문이 사라진 아내의 손가락

집이 부유해 부모의 전폭적인 원조를 받는 경우가 아니면, 대부분의 유학생과 가족들은 스스로 생계를 해결해 가면서 공부를 해야 한다. 우리 역시 마찬가지였다. 전세금 5천만 원이 우리의 유일한 밑천이었는데 내가 일본어학원을 다니는 과정에서 이미 상당 금액을 소진했다. 살인적인 고물가로 유명한 동경에서 한 가족이 생활하기는 정말 큰 부담이었다. 당연히 우리 부부도 여러 가지 아르바이트를 했다.

일본어가 서툴 때는, 말을 할 필요가 없는 아르바이트인 '찌라시(전단지) 돌리기'를 했다. 전단을 길거리에 서서 돌리는 것은 좀 쉬운 편이었다. 노동 강도 측면에서 보면 그나마 양반놀음인 셈이다. 진짜 힘든 것은, 집집마다 전단지를 돌릴 때였다. 많은 양의 전 단지를 잔뜩 넣은 무거운 가방을 메고 골목마다 돌아다니는 일은 여간 고생스러운 것이 아니었다. 특히 한여름에는 땀이 비 오듯 하여 더 고생스러웠다.

어느 정도 일본어가 될 무렵에는 이자까야(선술집) 체인점에서 아르바이트를 했다. 홀 서빙은 손님과 직접 말을 섞어 가면서 응대해야 했기 때문에 주로 유학 온 지 오래된 여학생들이 맡았다. 한국이나 중국에서 온 남자 유학생들은 주방에서 일했다. 나에게는 '드링크바(Drink bar)'일이 주어졌는데 술과 음료를 만들어 내놓는 일이었다.

그곳에서 나는 칵테일을 만들거나, 생맥주를 거품이 생기지 않도록 따르는 일을 했다. 하지만 이 일은 오래가지 않았다. 3개월 만에 점장(체인점 관리인)과 다투고 그만두었기 때문이다. 힘없는 유학생들을 함부로 대하는 것이 너무 심해서 참지 못하고 따졌던 것이다. 중국인 유학생은 순종했지만 나는 그러지 못했다.

나 보다는 아내의 아르바이트가 우리 가족의 생계에 훨씬 보탬이 되었다. 아내는 아르바이트를 동시에 2개나 하곤 했는데, 라면집과 물수건 공장에서 시간대를 나누어 일했다. 라면집에서는 접시를 닦았고, 물수건 공장에서는 기계에서 세탁되어 나오는 물수건을 마는 작업을 했다. 접시 닦을 때는 강한 세척제에, 물수건을 말 때는 강한 표백제에 고운 손이 시달렸다. 주말에는 항상 집 근처 공원으로 소풍을 나갔다. 도시락을 준비해서 자전거를 타고 가곤 했는데, 돈 없는 유학생에게는 저렴하게 시간을 보내기에 적당한 장소였다. 비록 가진 것은 없었고 생활은 고단했지만, 공원을 산책하는 그 짧은 여유가 마냥 행복했다.

어느 날, 아내 손을 잡고 산책을 하는데 무언가 조금 이상했다. 아내의 손바닥이 너무나 맨들거리는 것이 아닌가? 마치 유리판처럼. 손을 가만히 들어 손바닥과 손가락을 보았다. 물수건을 집어야 하는 엄지손가락과 집게손가락의 지문은 거의 사라져 있었다. 미안한 마음에 가슴이 아렸다. 마음 속 깊은 곳에서는 눈물이 터져 나왔다.

나는 지금도 아내의 닳아진 지문을 내 마음속에 간직하고 있다.

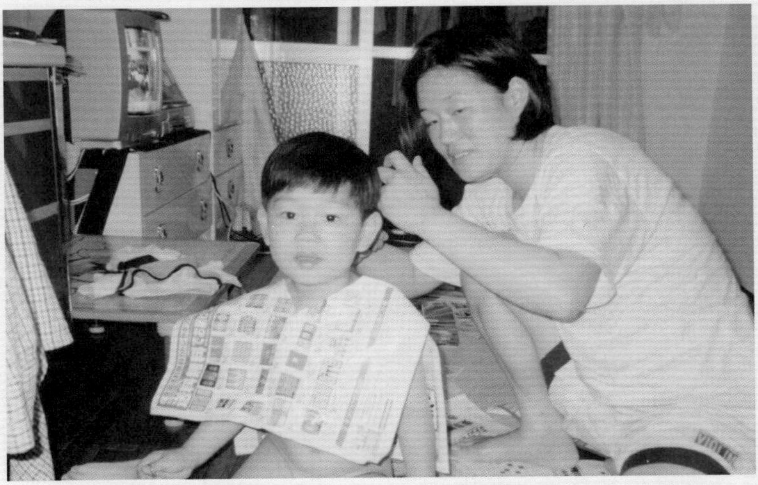

아내는 생활비를 아끼기 위해 아들의 머리카락을 직접 깎았다.

말을 더듬는 아들

우리 아들은 성격이 참 조용한 편이다. 장난으로도 남을 괴롭히지 못한다. 아마도 그런 성격이 된 것은 부모 탓이리라. 워낙 자주 이사를 다니다 보니 새로운 환경에 적응하느라 눈치가 늘어서 그런 것이다. 내가 대학원에 합격하고 난 후, 가족동반 비자를 발급 받아서 아내와 아들을 일본으로 데리고 왔다. 아들이 갓 5살이 되었을 때였다. 한창 부모의 정을 느끼고 살아야 할 나이였지만 그럴 형편이 못 되었다. 아빠도 엄마도 학교 수업과 아르바이트에 눈코 뜰 새 없이 바빴기 때문이었다. 형편도 넉넉지 못하다 보니 좋은 유치원에 보내지 못하고 '보육원'에 아들을 맡겼다. 서서히 적응이 될 수 있도록 시간을 조절했어야 했지만 우리 사정이 그렇다 보니 처음부터 종일반에 맡겼다. 보육원에 다니기 시작해서 3달 동안 아들은 말더듬이가 되었다.

"아 아 아~빠. 어 어~언제 오~올꺼야?"

일본어가 익숙해지기도 전에 일본 애들과 하루 종일 지내야 했던 스트레스가 이만저만이 아니었던 것이다.

하루는 아내와 내가 아들을 부둥켜안고 흐느껴 운적도 있었다. 둘 다 아르바이트를 해야 하는데 애를 돌봐야 하는 문제가 있어서 시차를 두고 일을 했었다. 아내는 오후 3시부터 10시까지 라면집에서,

나는 11시부터 새벽 3시까지 이자까야에서 아르바이트를 했다.

그러다 보니 밤 10시부터 11시까지 공백이 있었다. 이 시간에는 아들이 혼자 있어야 했다. 이제 갓 5살 난 꼬마가 생소한 남의 나라에 와서 혼자 밤늦게 집에 있어야 했던 것이다. 나는 하는 수 없이 TV를 큰 소리로 틀어놓고 창문의 커튼을 닫아 둔 채 아들을 혼자 남겨놓고 나왔다. 엄마가 오기 전까지 혼자서 1시간을 잘 버텨 내기를 기원하면서.

그러던 어느 날 새벽 3시가 넘어 아르바이트를 마치고 귀가해 보니 아내가 아들을 무릎에 안고 울고 있는 것이다. 아르바이트를 마치고 와 보니 애가 방 모서리에 쪼그리고 앉아 거의 넘어갈 정도로 울고 있더라는 것이다. 아이는 너무나 무서웠던 것이다. 혼자였던 것이.

일본 총리감을 찾아내다

일본으로 온 지 1년 반이 조금 지났을 무렵, 비록 한국에서 빼온 전세금과 아르바이트로 가족의 생계를 유지하느라 고달프기는 했지만 그래도 어느 정도 정신적인 안정을 찾았다. 나는 대학원 석사 과정에 비교적 높은 점수로 입학을 한데다가 아내 역시 동경학예대학의 석사과정에 입학하게 되어, 아르바이트를 하며 공부하는 것이 쉬운 일은 아니었지만, 어쨌든 부부가 둘 다 하고 싶은 것을 하였기 때문에 거기에서 오는 즐거움이 무척 컸다.

시간이 조금 지나면서 서서히 새로운 욕심이 생겼다. 애초에 일본으로 유학을 온 목적이 박사과정을 이수하고 대학 교수가 되려는 것이 아니었다. 보다 넓은 세계, 살아 있는 현장을 경험하고 싶었던 것이 더 큰 목적이었다.

한국정치 현장에서 4년을 경험한 만큼, 일본 정치계에 들어가서 배울 수 있다면 미래에는 큰 자산이 될 것이라는 데에 생각에 미쳤다. 한국과 일본의 정치 시스템과 문화도 경험하고, 일본 정계에 다양한 인맥을 형성하게 된다면 나중에 한국에 가서 많은 도움이 될 것이라 판단했다. 아무도 가보지 않았던 길을 내가 두드려 보고 싶었던 것이다.

고노타로 의원실에서.

나는 즉각 행동에 옮겼다. 일단 내가 들어가 일할 일본 국회의원을 선택해야 했다. 내가 정한 가장 우선적인 기준은 노장파가 아닌 소장파 국회의원이어야 한다는 것이었다. 왜냐하면 나와 비슷한 세대여야만 소통도 가능하고 주종(主從)관계가 아닌 수평적 관계에서 일을 할 수 있을 것이라 판단한 것이다.

그리고 두 번째 기준은 먼 미래에라도 총리가 될 만한 자질을 갖춘 의원이어야 했다. 그 의원이 총리가 될 수 있는 때쯤이면 한일관계에서 내가 할 수 있는 역할도 막중해 질 것이라는 판단 때문이었다.

이런 기준에 따라 일본 국회의원들의 홈페이지를 검색했다. 나이,

정치철학, 동북아에 대한 인식 등을 기준으로 여야(與野)각 1명, 총 2명의 의원을 선정했다. 그리고는 나의 이력서와 한일관계에 대한 소견을 7장 정도로 정리해서 우편으로 보냈다. 1주일 후, 당시 집권 여당이었던 자민당 소속의 소장파 의원인 고노타로(河野太郎) 의원의 정책비서인 기시모토씨로부터 전화가 왔다. 면접을 보자는 것이다. 나는 순간 '됐다!'는 생각을 했다. 30분간의 면접 후, 고노타로 의원은 크게 만족해했다.

당시에 고노타로 의원 역시 한국과의 관계가 중요하다고 보고 뭔가 한국과 연결고리를 찾고 있었다. 내가 동북아에서 일본의 중요성을 깨달은 것처럼 고노타로는 한국의 중요성을 생각하고 있었는데 내가 보낸 리포트가 정확히 그 부분을 파고 들었던 것이다. 그 덕분에 나는 2001년 10월 말부터 일본 국회의사당에 있는 고노타로 의원실로 출근을 시작했다.

그것은 내 인생에 있어서 새로운 경험과 도전이 시작되는 때였다.

주경야독(晝耕夜讀)의 정신으로!

대학원 수업과 의원실 근무를 병행하는 것이 쉬운 일은 아니었다. 그래서 나는 전략적으로 수업을 들었다. 졸업에 필요한 학점의 대부분은 1학년 때 몰아서 수업을 듣고 2학년 때에는 단 2과목만 들어도 졸업이 되도록 했다. 그리고 대부분의 과목은 요일별로 분산하지 않고 특정 요일에 몰아서 신청했다. 그래야 의원실에서 근무할 시간을 최대한 확보할 수 있기 때문이었다. 그리고 수업이 끝나면 바로 의원실로 직행했다.

낮에 의원실 근무를 마치고 집으로 오면 그 때부터 학교 수업 관련 공부를 시작했다. 묘하게도 일본 국회라는 현장에서 일하는 내용과 학교에서 듣는 수업의 내용이 접목이 되었다.

내가 의원실에서 하는 주요한 일이 한일관계를 비롯한 동북아지역의 국제관계에 관한 업무였는데, 대학원 전공과 잘맞아 떨어진 것이다. 이론을 현장에 적용하고, 현장의 경험을 이론에 투영시키는 작업이 너무나 즐거웠다.

비록 학업과 일을 병행해야 하는 어려운 입장이었지만 차곡차곡 실력이 쌓이는 그 기쁨은 이루 말할 수 없었다.

일본 국회의원 최초로 한국어 홈페이지를 만들다

미래지향적이고 우호적인 한일관계를 위해서 내가 할 수 있는 일은 무엇일까? 이것이 고노타로 의원실에서 근무하는 동안 잠시도 떠나지 않은 나의 고민거리였다.

첫 작품은 일본 국회의원 중 최초로 한국어 홈페이지를 만드는 것이었다. 기획안을 만들었다. 홈페이지 제작과 관련된 기술적 부분은 국제전화로 한국에 있는 후배와 수시로 통화를 해 조언을 들었다. 홈페이지 메뉴 구성도 일본어판과 달라야했다. 지엽적인 일본 국내정치 영역은 과감하게 버리고 주로 국제정치 부분, 특히 한반도 및 동북아 현안과 관련된 내용을 강조해서 메뉴 구성을 했다. 또한 한국과는 직접적인 현안이 없어도 한국인이 보면 도움이 될 만한 내용도 넣었다. 그리고 인연을 맺고 있는 한국의 소장파 국회의원들의 축하 메시지도 받아서 올렸다.

마지막으로 자유게시판 및 방명록 기능의 개설 문제를 두고 고노타로 의원과 이견이 생겼다. 일본 국회의원들은 절대 자유게시판과 방명록 기능을 만들지 않는다. 악플 때문이다. 의원실로 의견이 개진될 수 있는 유일한 통로는 e메일뿐이었다. 그런데 내가 이런 일본 의원들의 문화와 관행을 깨고 자유게시 판과 방명록을 만들자고 했던 것이다. 고노타로 의원의 입장에서는 일본인도 아니고 한국인이 보는 홈페이지에 자유게시판 기능을 달자고 하니 더 당황스러웠을 것이다.

하지만 나는 소통의 중요성을 강조하며, 한국어 홈페이지를 만든 이상 한국인의 정서를 존중해야 한다고 설득을 했다. 그래서 결국 자유게시판과 방명록이 만들어졌다.

일본 국회의원 최초로 한국어 홈페이지가 개설되자 한국 언론이 관심을 가지게 되었다. 그리고 여러 차례 기사화되었다. 그런 만큼 한국인 방문자들도 늘게 되었고 다양한 의견들이 속속 접수되었다. 나는 그 의견을 일일이 일본어로 번역하여 고노타로 의원에게 전달했고 다시 그의 의견을 받아 답글을 달아주었다.

그렇게 비록 미미하지만, 이 홈페이지를 통해서 한국의 일반 국민과 일본 국회의원 사이에 소통이 이루어졌다. 한국과 일본의 국회의원들 끼리끼리 서로 의견을 개진하는 것이 아니라 일반 국민과 국회의원 간의 소통, 나아가서 한국인과 일본 국회의원의 소통 채널이 생긴 것이다.

한국의 의견을 최대한 일본 국회에 알리고 전달하기 위해 노력했다는 점에서 지금도 나는 이 홈페이지 개설에 큰 자부심을 가지고 있다.

일본 국회의원을 서대문 형무소로 데려가다

시간이 조금 지나면서 나는 보다 더 체계적인 한일교류의 틀을 만들고 싶었다. 그래서 한국과 일본의 신세대, 즉 전후세대 정치인 사이에 정기적인 교류의 장을 만들어야겠다고 생각을 했다. 때마침 조건이 좋았다.

당시 일본 정책연구대학원대학(GRIPS)에서 교수를 하고 있던 박철희 교수가 나와 같은 생각을 하고 있었다. 또 한국과 일본의 소장파 정치인과도 인맥이 있었다. 한국에는 한나라당 내에 '미래연대'라는 소장개혁파 그룹이 형성되어 있었다. 마찬가지로 일본에는 자민당을 주축으로 '일본의 미래를 생각하는 모임'이라는 소장파 그룹이 있었다.

다시 말해 구슬이 서말이나 있었고 남은 것은 이것을 꿰는 작업이었다. 당시 '미래연대'의 사무처장을 맡고 있던 권택기 의원과 국제전화로 수시로 협의를 했다. 교류의 주기, 형태, 프로그램, 비용 등. 그렇게 해서 양국의 소장파 국회의원은 '한일미래연구회'라는 교류모임을 만들게 되었다. 세미나와 역사탐방 같은 프로그램을 주 내용으로 1년에 양국에서 각각 1회, 3박4일 정도의 일정으로 추진하기로 했다.

한국 방문 첫 교류회를 앞두고 나와 권택기 사무처장은 도발적인 일정을 만들었다. 일본 국회의원들에게 식민지 종주국의 만행이 어떠했는지를 직접 눈으로 보여주고 싶었다. 특히 식민지배와 전쟁을 경험하지 않은 전후세대이기 때문에 더더욱 그러했다. 세미나와 저녁 술자리에서의 역사 논쟁은 평행선만 그릴 것이 불을 보듯 뻔했다.

특히 우리가 밀어 넣은 서대문 형무소 방문 일정을 두고 처음에는 일본 의원들 끼리 많은 논쟁이 있었다. 하지만 우리는 그들을 최대한 설득했다. '있었던 과거를 그대로 보자! 조작한 허상도 아니다. 있는 사실 그 자체조차 보지 않아서는 안 된다!'라고 설득했다. 서대문 형무소의 지하 감옥을 일일이 돌아본 일본 의원들의 표정은 그다지 밝지는 않았다. 그렇다고 괜한 것을 봤다는 불쾌감도 없었다. 그저 무겁고 진중한 표정으로 말을 아낄 뿐이었다.

나는 마음속으로 많은 기대를 품었다. 이들 일본 국회의원들이 서대문 형무소를 보고 느낀 것들이 나중에 한-일 과거사를 다루는 문제에 있어서 1/1000의 변화라도 가져오기를.

일본 국회에서 중매쟁이가 되다

나는 일본 국회 내에서, 혹은 일본의 자민당 내에서 활동 영역을 점점 넓혀갔다. 비록 외국인이었지만 고노타로 의원의 특별 배려 덕분에 국회와 자민당사를 마음대로 출입할 수 있는 출입증이 교부되었다. 일본은 의원내각제이기 때문에 당정협의가 아주 중요하다. 그러다 보니 우리나라 정당의 정책위원회처럼, 일본 역시 집권 여당의 '정책조정위원회'가 막강한 영향력을 행사한다. 정책조정위원회에는 사안에 따라서 아무나 들어갈 수 없었으나 나는 자유롭게 출입을 했다. 그래서 많은 것을 보고 배웠다. 일본의 정책결정 과정의 한가운데서 공부를 한 셈이다.

그리고 역시 고노타로 의원의 배려 덕분에 많은 일본 의원들과도 사귀게 되었다. 그 과정에서 새로운 욕심이 생겼다. 일본 국회의원실에서 겪은 이 경험을 혼자만 갖기에는 너무 아깝다는 생각이 들었다. 또한 보다 많은 일본 국회의원들에게 한국에 대한 올바른 견해를 가질 수 있도록 해야겠다는 생각도 들었다.

우선 한국에 관심 있는 일본 의원을 발굴했다. 동시에 일본에서 유학 중인 석/박사 과정의 한국인 유학생 중에 일본 국회에 근무하고 싶어 하는 유학생들을 찾았다. 그리고 이들을 한 명씩 인턴으로 의원실에 근무하도록 주선했다. 한마디로 일본 의원과 한국인 유학생을 연결하는 중매쟁이가 된 것이다.

이렇게 해서 많을 때는 10명의 의원실에 한국인 인턴이 근무하기까지 했다. 이렇게 들어간 인턴들이 나중에 무역협회, 대학 강단, 일본 기업 등으로 흩어져 두드러진 역할을 해냈다.

생각하면, 지금도 기분이 좋다. 나만 가질 수 있는 경험을 다른 사람들에게도 열어주었다는 점 때문이다.

한국인 유학생들을 인턴으로 채용했던 일본 국회의원들은 작지만 인사말이라도 한국어로 할 줄 알게 되고, 한국에 대한 관심도 크게 높아진 것이다.

갑작스러운 총선 출마 제의

학업과 의원실 근무를 병행하다보니 늘 시간이 부족했다. 1분 1초라도 아끼겠다는 생각으로 열심히 살았다. 하루하루에 충실하며 정신없이 살고 있었다. 그러던 어느 날, 잔잔한 호수에 돌이 던져져 파문이 일 듯 내 인생에도 그런 예상치 못한 파문이 생겼다.

2003년 여름. 당시 재선 국회의원으로 한나라당 부산시지부 위원장을 맡고 있었던 권철현 국회의원이 동경을 방문했다. 권철현 의원은 일본 쯔꾸바 대학에서 도시공학으로 석/박사 학위를 받고 동아대학교 교수를 지내다가 김영삼 대통령 시절 발탁되어 국회의원이 되었다. 그런 그가 동경 방문길에 나를 찾았다. 우리는 아카사카 미쯔께역 근처의 한국식당에서 맥주를 곁들이며 밥을 먹고 있었다. 식사를 하던 권 의원이 맥주 한 잔을 들이키더니, 갑자기 "내년 국회의원 선거 때 출마해 보지 않겠는가?"라고 제안했다.

나는 깜짝 놀랐다. 너무나 뜬금없는 제안이었다. 당시 나는 대학원 2년차로 아직 졸업을 하지 않은 상태였다. 더구나 전 재산인 전세금을 들고 와서 재정이 거의 바닥에 가까워지고 있는 상태였다. 게다가 남해라는 섬마을에서 초중고를 다 나온 시골출신이었다. 한마디로 돈도 학연도 없었던 것이다.

"에~이. 농담하시는 것 아닙니까? 저는 아직 나이도 어리고 내세울 게 없는 인간인데 어떻게 출마한단 말입니까?"

나는 생각하는 바를 솔직히 말했다.

"그게 아닐세. 자네는 좋은 자질을 가지고 있네. 80년대 민주화 운동의 경험도 있고 특히 총학생회장까지 했네. 게다가 한국 국회 근무 4년, 일본 국회 근무 2년 경험이 누적되어 있으니 국회 일에 대해서는 누구보다도 먼저 수업을 받은 것이네. 그리고 한국에서 알아주는 와세다 대학에서 국제정치로 석사 과정 공부를 하고 있으니 부족함이 없네."

그럼에도 불구하고 나는 재차 물었다.

"저는 돈도 없는데 총선 출전은 고사하고 공천조차 어려운 것 아닙니까? 공천헌금 안 주고 공천받은 사람이 있습니까?"

"이제 돈으로 공천을 받는 시대는 지나갔네. 차떼기 정당 때문에 한나라당이 망한 것 아닌가. 지금 한나라당은 새로운 인물의 수혈이 필요하네. 참신한 인재에 목말라 하고 있네. 자네가 일본 국회의원실에서 근무하는 이유도 나중에 한국 정치에 기여하고 싶기 때문 아닌가? 지금이 그 때일지 모르네. 잘 생각해 보게."

듣기에 기분 나쁜 말은 아니지만 선뜻 결론을 내릴 수는 없었다. 언젠가는 국회의원직에 도전할 생각은 있었지만 너무나 빨리 제안이 온 것이었다. 집으로 돌아와 아내와 상의를 했지만 마찬가지로 결론을 낼 수 없었다. 우리는 가진 게 너무 없었다. 한편으로는 일본에서 벌여놓은 일들에서 큰 보람을 느끼고 있었던 데다가 미래의 한국을 위해서 그 일들을 더 단단히 다지고 싶기도 했다. 그렇게 고민과 함께 시간은 흘러가고 있었다.

가을 문턱에 들어설 때 권철현 의원이 또 동경을 방문했다. 그리고 똑같은 제안을 했다. 이번에는 더욱 강도가 강했다. 권철현 의원의 강한 제안에 나 역시 마음이 많이 흔들렸다. 그러던 때 한나라당 소장파 의원들이 일본 의원과 교류 때문에 동경으로 왔다. 그 때 나는 원희룡, 남경필 의원 같은 분들과 상의를 했다. 모두들 대찬성을 했다. 아니 무조건 들어와서 한나라당에 새로운 바람을 불어넣어야 한다고 했다. 더 이상 망설일 여유를 주지 않았다.

아내와 상의를 했다. 어느 때보다 우리 부부는 진지했다. 우리 부부가 함께 선택해 왔던 어떤 길보다도 더 큰 변화였기에 그럴 수밖에 없었다. 결론을 내렸다.

'도전하자! 완전히 준비된 상태에서만 기회가 오는 것은 아니다! 한국정치가 급변하고 있는 지금, 이제껏 비주류로 살아오고 남이 가

일본 의원과 교류를 위해 일본을 방문한 원희룡 의원과 함께.

지 않는 길만 걸어온 우리 같은 인간이 필요할지 모른다. 늦은 나이에 일본으로 과감하게 유학을 갔듯이 어린 나이지만 한국 정치 현실에 과감하게 뛰어들자. 늦고 빠름에 대한 기준은 없다. 상황과 의지의 문제이다!' 우리 부부는 그렇게 생각했다.

결국 2003년 10월. 한국행 비행기에 몸을 실었다. 다행히 졸업을 위한 학점은 모두 이수해 두었다. 논문도 2/3 이상은 써 놓은 상태였다. 논문의 남은 부분은 공천을 준비하면서 완성했다. 아내와 아들은 일본에 남았다. 아내는 대학원 석사과정 중이었기 때문에 마무리 할 것이 많았다.

잘 곳도 없던 무일푼으로 공천을 받다

고국으로 돌아왔지만, 한국에는 내가 살 집이 없었다. 전세를 빼서 그 돈으로 일본 유학을 갔기 때문이다. 정말 말 그대로 맨손으로 공천을 받으려 했던 것이다. 그래서일까? 그 때도 내가 일본으로 유학 갈 때처럼, 주변의 반응이 싸늘했다.

"돈도 없이 무슨 수로 공천을 받아?"

심지어 우리 부모님, 친척조차 그렇게 생각했다. 섭섭하다는 감정 이전에 당연하다는 생각이 들었다. 왜? 당시만 해도 돈 없이 공천 받고, 돈 없이 정치한다는 것은 거의 망상에 가까운 일이었다.

다행히 나는 그 무렵 공천을 함께 준비하는 동지들을 만났다. 한나라당의 변화와 한국정치의 새로운 길을 모색하는 사람들이었다. 그 동지들과 함께 세력을 규합했다. 일명 '한국의 길'이다. 17대 국회에서 함께 활동을 했던 박형준(부산 수영구), 김희정(부산 연제구) 의원이 그 일원이었다. 지금의 이태규 국회의원, 그리고 정치평론가로 유명한 명지대학교의 김형준 교수, 김도종 교수, 나라사랑정책연구소의 김광동 박사(현, 진실화해를 위한 과거사정리위원장)도 함께 했다. 전국에서 80여명의 인재들이 모였다.

나는 그 '한국의 길'의 간사를 맡았다. 덕분에 잘 곳을 해결했다. 여의도에 '한국의 길' 사무실을 운영했는데 내가 간사인 탓에 그곳에서 매일 밤늦게까지 문서 작업을 하고 야전침대에 엎어져 잠이 들었다. 한나라당 공천을 준비하면서 적잖이 놀랐다. 한나라당 공천에 대한 나의 선입견이 깨졌기 때문이다. 적어도 내 레이더에는 돈 공천 기류가 포착되지 않았다. 일단 나조차 단돈 10원도 안주고 공천을 받았으니 증명이 되지 않겠는가.

그 당시 공천심사위원장은 김문수 당시 국회의원이 맡았다. 김문수 의원은 특유의 강골기질로 투명성, 객관성, 민주성 등 민주정당의 공천원칙을 철저히 지켜냈다. 나의 경우도 마찬가지다. 서류심사에서 통과된 4명의 신청자를 대상으로 공천심사위원 앞에서 TV토론회 방식으로 공천심사가 진행되었다. 이 토론회 방식의 공천심사는 공천심사위원 뿐만 아니라 누구나 와서 볼 수 있었다. 밀실 공천을 원천적으로 철저히 차단한 공개 공천이었다.

1시간 30분가량의 공천심사를 위한 토론회를 마치고 심사위원들 한 명, 한 명과 악수를 나누었다. 그리고 그 때 나는 알았다. 내가 공천 받는다는 사실을. 악수할 때마다 심사위원들이 나에게 본선 승리를 기원해 주었기 때문이다.

이렇게 해서 나는 한나라당의 아성인 부산에서 그야말로 무일푼으로 공천을 받게 되었다.

국민의 공복이 되다

찢어진 명함
몸뻬 입은 어머니와 임신 5개월의 아내, 화상 입은 운동원
양말과 속옷을 찍읍시다
국회의원은 입법으로 말한다
혈세 감시자
“머리에 피도 안 마른 녀석이 동네를 알겠어?”
“이거 안 해주면 다음에 재선도 없심니더!”
가장 안정된 것은 ‘수평’
열 손가락 깨물어 안 아픈 손가락 없다
흔들리지 않고 피는 꽃이 어디 있으랴

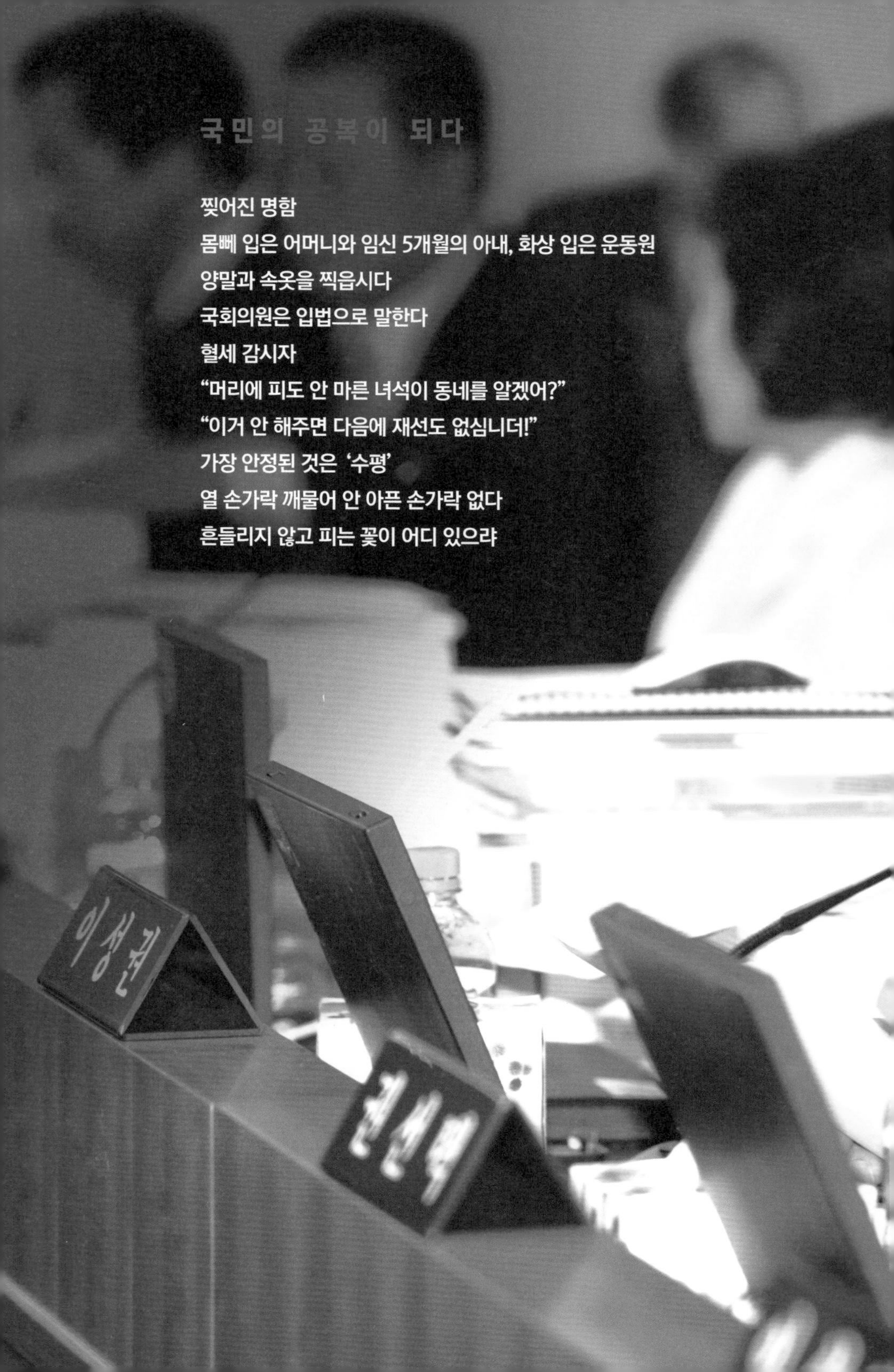

국민의 공복이 되다

찢어진 명함

"뭐라? 한나라당이라고? 너거가 사람이가? 나라 임금을 쫓아낸 사람들이 무슨 낯짝으로 표를 달라고 하노? 고마가라."

산 너머 산이라고 했던가. 17대 국회의원 선거는 한나라당의 공천장만 있으면 당선되는 분위기가 아니었다. 노무현 대통령에 대한 탄핵으로 인해 후폭풍이 엄청나게 불고 있었다. 차떼기 정당, 수구꼴통 정당이라는 기존 부정적 이미지에 탄핵 후폭풍까지 겹치면서 부산 시민들도 분노하고 있었다. 출퇴근길에 유권자들에게 나누어준 나의 명함은 돌아서고 나면 대부분 길바닥에 버려졌다. 태풍에 떨어진 낙과(落果)를 보는 듯 했다. 탄핵이라는 후폭풍으로 인해 날개도 펴보지 못할 분위기였다. 심지어는 내 얼굴을 빤히 보면서 사진이 들어간 내 명함을 박박 찢는 유권자도 있었다.

하지만 나는 되도록 상황을 객관적으로 이해하려고 노력했다. 당시 부산시민들의 분노는 후보자 개인에 대한 분노라기보다는 한나라당에 대한 분노였다. 유권자의 냉담한 반응을 접할 때마다 나는 더욱 '내가 한나라당 후보이지만 반드시 당선되어 당도 개혁하고, 부산시민들의 마음도 풀어주어야겠다.'고 다짐했다.

그런 결심 속에서 나는 대중이 냉소하면 할수록 더 유권자의 마음에 다가가려 노력했다. 찢어진 명함은 국민들의 찢어진 마음이었고, 밟힌 명함은 국민의 자존심이 밟힌 것으로 받아들였다. 반드시 당선되어 정치 때문에 상처받은 그 분들의 마음을 꼭 달래줘야겠다는 다짐을 했다.

당시 선거에서 힘들었던 것은 유권자의 냉담한 반응만은 아니었다. 그것은 한나라당이 자초한 결과였기에 오히려 달게 받아들여야 했다. 그보다는 동지 없이 치루는 선거였기 때문에 더 힘들었다. 당시 가장 강력한 경쟁상대는 열린우리당 후보였다. 그 후보는 시민단체의 사무처장을 지내며 지역 방송에서 TV토론의 진행을 맡았던 인물이라 인지도나 지지도 면에서 나는 상대도 안 되었다. 공식 선거운동이 시작되기 전의 여론조사에서 그는 나보다 거의 3배 가까운 지지도를 보였다. 이런 상황에서 내가 기댈 수 있는 언덕은 당연히 나에게 공천을 준 한나라당이었다. 하지만 한나라당 출신의 무소속 후보가 갑자기 출마를 선언했다. 한나라당 핵심 당원들은 무소속 후보를 두고 혼란스러워했다. 참으로 황당했고 난감했다. 억울했다. 하지만 묘책이 없었다. 죽어라 뛰는 수밖에.

몸뻬 입은 어머니와 임신 5개월의 아내, 화상 입은 운동원

어려운 선거가 계속되고 있었다. 우리의 운동원은 소수에 지나지 않았다. 결국 나의 선거운동은 시골에서 올라온 부모님, 아내, 1달간 휴가를 낸 형제들, 친가와 처가의 친척, 그리고 고향 사람과 동문들, 마지막으로 아주 일부의 당원들. 그들의 손에 의지할 수밖에 없었다.

하루는 전포동에서 선거유세를 마치고 가야동으로 선거차량을 타고 이동하고 있었다. 그런데 저만치 멀리 떨어진 인도에서 낯 익은 걸음걸이가 눈에 들어왔다. 몸빼바지에 허름한 가방을 메고 터벅터벅 걸어가는 그 모습. 어머니였다.

평생 동안 농사로 자식 공부시킨 어머니. 그 자식이 유력 정당의 공천을 받았지만 선거비용을 도와줄 형편이 안 된다고 마음 아파하던 어머니. 불리한 선거 판세에 속이 시커멓게 탄 어머니. 자식 보다 더 부지런히 골목을 누비는 어머니. 자식을 위해 농사지을 때의 그 마음, 그 몸빼바지 입은 어머니의 뒷모습을 보니 눈물이 울컥했다. 임신 5개월째이던 아내도 많은 사람들의 마음을 흔들었다.

"이 후보. 이제 고마(그만) 와라."

"그게 무슨 말입니까? 자주 인사 다녀야지 표를 줄 꺼 아입니까."

"임신한 너거 집사람 배보니까 우리가 안쓰럽다 아이가? 이제 안 와도 표 줄 테니 고마(그만) 와라.”

정에 약한 민족이기 때문일까? 임신 5개월째였던 아내의 헌신적인 선거운동에 동네 할머니, 할아버지, 아주머니들이 감동했다.

황당한 사건도 있었다. 투표일을 며칠 남겨두지 않은 시점이었다. 예전처럼 새벽 5시에 일어나 목욕탕으로 선거운동을 갔다. 몸을 말리며 TV 뉴스를 보는데 그때 ‘부산의 모 후보 유세차량이 불에 탔다’는 자막이 지나갔다. 나는 속으로 ‘뭐 저런 띨띨한 놈들이 다 있나. 선거 5일 밖에 안 남았는데 어쩌려고. 쯧쯧’ 하며 혀를 찼다.

그런데 아침 출근길 인사까지 마치고 선거 사무실에 와보니 당연히 있어야 할 유세차가 보이지 않았다.

“유세차 어디 있습니까?”

“없습니다. 불 났심니더.”

“뭐라고요? 그럼 뉴스에 나왔던 불난 유세차가 우리 차였습니까?”

“그렇심니더.”

알고 보니 내가 속으로 욕하던 그 유세차가 바로 우리 차였던 것이다. 유세차를 담당하던 우리 선거운동원들은 다른 후보보다 더 늦게까지 차량을 운행했다. 그렇게 밤늦게 일정을 마치고 발전기에 휘발유를 채우려고 할 때 발전기가 너무 가열되어 화재가 발생 한 것이

17대 국회의원으로 당선

다. 선거운동원 3명이 화상을 입었으나 후보자가 걱정할까 싶어서 말을 하지 않았던 것이다.

돌이켜 보면, 정말 우여곡절이 많은 선거였다. 애환도 많았다. 우리에게는 많은 병력이 있었던 것도, 최첨단 무기가 있었던 것도 아니었다. 오로지 몸뚱이 하나로 고지를 점령해야 했다. 피를 철철 흘리는 부상을 입어도 모두들 전진해 주었다.

그리고 값진 승리를 했다. 개표 방송에서 당선이 확정되었을 때 나는 받은 화환을 선거운동원의 목에 걸어주었다. 승리의 주역은 내가 아니라 선거운동원들이었기 때문이었다.

양말과 속옷을 찍읍시다

국회의원에 당선되고 나서 얼마쯤 지났을 때였다. MBC기자에 게서 전화가 왔다.

“취재를 하고 싶습니다.” “어떤 걸요?”

“지방에서 당선되어 서울 생활하는 의원들의 생활을 찍고 싶습니다.”

“그런데 하필 왜 접니까?”

“당선된 분들의 재산신고를 보니 한나라당 국회의원 중에서 최하위 수준이기에 한나라당에도 서민 정치인이 있다는 것을 보여주고 싶습니다.”

나는 당시 여의도 MBC방송국 근처의 30년 넘은 목화아파트에 혼자 살고 있었다. 거실은 없고 부엌과 방만 있는 10여 평 남짓한 집이었다. 당시 아내와 아이는 부산의 처갓집에 살고 있었다. 나만 혼자 서울에 올라와 살면서 빨래하고 청소하던 시절이었다.

기자가 방으로 들어 와 쭉 둘러보더니 곧바로 베란다에 널려있는 속옷을 발견하고는 말했다.

"양말하고 속옷 개는 장면을 찍읍시다!"

그 방송의 컨셉은 달라진 국회의원의 생활상이었다. 돈 많은 국회의원도 있지만 서민형 국회의원도 있다는 점을 강조하는 컨셉이었다.

이를 위해 지방에서 올라온 국회의원의 검소한 생활상을 소개하는 것이었다. 나중에 방송을 보니 각 정당마다 한 명씩 소개되었다. 그 중에는 민노당의 강기갑 의원도 나왔다.

방송이 나간 후 많은 전화를 받았다.

"너는 당은 한나라당 소속인데 생활은 민노당이더구만!"

"한나라당이 너한테 고마워해야겠더라. 부자정당 이미지가 강한 한나라당 국회의원 평균 재산을 확 낮추어주었으니."

그렇다. 나는 국회의원이기 이전에 서민이다. 사는 곳이 화려한 게 이상하다. 서민이 국회의원이 될 수 있다는 것을 보여주고 싶었다.

국회의원은 입법으로 말한다

국회의원의 가장 중요한 임무는 법을 만드는 것이다. 그래서 국회의원은 '법'으로 말한다고 한다. 17대 국회 남자 최연소 의원으로 선출된 만큼 무거운 책임감을 느꼈다. 젊기 때문에 누구보다 더 열심히 입법 활동을 해야 했다. 그것이 나를 선출한 주민들에게 보답하는 길이었다.

국회의원의 입법 활동은 절대 혼자서 할 수 없다. 공동 작업이다. 그 작업의 주체가 바로 보좌진이다. 이 보좌진을 어떻게 구성하는가에 따라서 입법 활동의 결과가 달라진다. 국회의원에게는 당시에 6명의 보좌진을 채용할 권한이 주어진다. 그 중에서 여비서와 운전기사를 제외하고 나면 순수하게는 4명이 정책보좌를 할 수 있다. 그런데 대부분의 국회의원들은 지역구의 사무실을 유지하기 위해 보좌진 TO 중 1, 2명을 지역 사무실 실무자에게 준다. 엄밀히 따지면 의원 보좌진 운영원리에 부합한다고 할 수 없다. 순수한 정책보좌, 입법 보좌보다는 국회의원 개인의 선거를 의식한 지역구 관리 차원이기 때문이다. 국민의 세금으로 자신의 지역구 관리를 하는 것으로 해석할 수도 있다. 나 역시 국회의원으로 당선되고 난 후 보좌진을 구성할 때 이 문제를 심각히 고민했다. 나는 고민 끝에 결론을 내렸다. 내 권한으로 채용할 수 있는 모든 보좌진은 전적으로 정책과 입법 보좌를 하는 사람으로 구성한 것이다. 지역구 사무실의 상근자는 후원회로부터 받은 정치자금으로 급여를 주도록 했다. 그래서 나는 국회의원 보좌관 경험이 풍부하고 입법 활동에 뛰어난 실력을 갖춘 사람을 2명 채용했다.

나도 국회의원 비서관 경험을 가지고 있었고 나이도 젊었기에 보좌진들과 호흡이 잘 맞았다. 서로 눈빛만 봐도 무엇을 생각하고 있는지 알 정도였다. 우리는 처음부터 몇 가지 원칙과 목표를 명확히 세웠다. ▲ 서민의 이익을 대변하는 입법 활동 ▲ 사회적 비리와 부조리를 방지하는 입법 활동 ▲ 행정부의 비효율과 무책임을 시정하는 입법 활동 ▲ 17대 국회 최고의 입법 활동 등이었다.

우리는 이 원칙과 목표 아래 직위에 관계없이 수평적으로 일했다. 법안 제/개정에 관한 아이디어를 누군가 제출하면 의원이든 보좌진이든 격의 없이 토론했다. 컵라면을 먹어가며 밤늦게까지 토론하다 함께 의원회관을 나선 적이 한두번이 아니었다.

이렇게 보좌진과 함께 노력한 결과 어느 정도 성과를 거두었다. 17대 국회에서 4년간 근무하면서 총 57건의 법안을 '대표발의' 했다. 연 평균 14여건에 달했고 이는 17대 국회의원 평균 법안 발의건수인 5건보다 훨씬 많았으며 부산지역의 18명 국회의원 중에서 단연 1위였다. 또한 세계에서 가장 열심히 일 한다는 미국 하원의원들의 연평균 발의 건수인 15건과 거의 비슷한 수준이었다. 그런 덕분이었을까. 17대 국회의 마지막 연차인 2007년에는 국회사무처가 선정하는 '최우수 입법 의원'으로 선정되어 500만원의 정책지원금도 받는 영광을 누렸다.

국회의원으로서 가장 큰 보람을 느낄 때는 자신이 발의한 법안이 본회의장에서 통과될 때이다. 국회의장이 "가결되었음을 선언합니다."라는 말과 함께 3번의 의사봉을 두드릴 때 나의 존재 이유를 다시 한 번 절감하게 되는 것이다.

국제신문 2005. 5. 11

부울경 의원 '입법 꽃 피운다'

6월 임시국회 목표 법안 다듬기 분주

조경태-철도항공조사
이성권-중소유통지원
조승수-방폐물관리법
⋮

조경태 이성권 박형준
박승환 조승수 강기갑

17대 국회에서는 기존에 없던 새로운 법을 제정하려는 시도가 잇따르고 있다.

법제정은 개정과는 달리 법안의 골격을 처음부터 끝까지 '창조'해야 한다는 점에서 '입법의 꽃'으로 불린다. 부산 울산 경남의원들이 6월 임시국회를 목표로 추진 중인 주요 제정법을 살펴본다.

열린우리당 조경태 의원은 철도와 항공사고 발생시 통합기구에서 조사를 수행할 수 있도록 하는 '철도항공조사에 관한 법률안' 제정을 추진중이다. 부산에서도 중국 민항기 사고, 구포열차 사고 등 대형 재난이 발생했지만 책임소재 문제로 효율적인 조사가 이뤄지지 않았다는 것이 조 의원의 생각이다.

철도와 항공사고를 전담해 조사할 수 있는 통합전문기구를 두면 사고조사와 예방에 도움이 될 것으로 보고 있다.

한나라당 이성권 의원은 동네 슈퍼, 할인매장을 운영하는 영세업자들을 위한 '중소유통활성화 지원법'을 준비하고 있다.

재래시장과 대형할인매장은 관련법으로 보호를 받는데 비해 전국 62만명에 달하는 중소유통업체는 법적 지원의 사각지대에 놓여있다는 것이 이 의원측의 설명이다. 지원법에는 중소유통업체에 대한 세제혜택, 직불카드 및 현금 사용 촉진 등의 내용이 담길 것으로 알려졌다.

같은당 박형준 의원은 청소년들로부터 인기를 모으고 있는 게임에 대한 법을 제정하기 위해 공청회를 4차례 개최했다.

기존의 음반·비디오 및 게임물에 관한 법률은 규제일변도여서 고부가가치산업인 게임산업을 위축시킬 수 있다는 판단에서다.

이에 따라 박 의원은 자신이 마련한 '게임산업진흥에 관한 법'에서 재원지원, 정부 위원회 설치 등에 대한 근거를 포함시켰다.

같은당 박승환 의원은 '자살예방을 위한 법' 제정을 추진하고 있다. 부산 청소년 4명 중 1명이 죽음을 생각하고 있을 정도로 심각해지는 자살을 막기 위해서는 입법부도 나서야 한다는 것이다.

이 법에는 자살방지를 위한 계몽 프로그램 및 사회교육 시설을 설치하고 이를 위한 재원마련 등의 근거를 담을 계획이다.

민주노동당 조승수 의원은 '에너지기본법'과 '방사성 폐기물 관리법' 등 2건의 제정안을 제출했다.

특히 방사성폐기물 관리법은 '방사성 폐기물관리 위원회'를 둬 핵폐기물 처리를 전담케 하자는 것이 골자다. 지금까지 핵폐기물 처리는 원자력법과 전기사업법 등으로 이원화된 데다, 원자력위원회가 산업자원부에 종속돼 독자적인 폐기물 처리 계획을 수립하거나 집행할 수 없었다.

같은당 강기갑 의원은 소비자의 생명을 갈수록 위협하고 있는 먹거리를 지키기 위해 '식품안전기본법' 제정을 추진중이다. 이 법은 '식품안전위원회'를 설치, 식품관리를 일원화하고 3년마다 정부가 식품안전정책을 수립하도록 하는 것을 주요 내용으로 하고 있다.

손균근기자 kkshon@kookje.co.kr
박병률기자 bpark@kookje.co.kr

정치

공기업 법인카드는 공돈인가

깨끗이 쓰라고 만들어준 '클린 카드'로 한 살림 장만하신 산기평 직원들
산자부 산하 다른 공기업들도 접대비 한도를 엄청나게 초과한 곳 많아

류이근 기자 ryuyigeun@hani.co.kr

공기업들의 방만한 경영은 어제오늘의 일이 아니다. 공기업의 운영을 정부가 보증서주고 지원해주기 때문에 빚어질 수밖에 없는 구조적 요인 탓이 크다. 여기에 상당수 공기업의 '주인 없는' 소유 구조는 임직원의 도덕적 해이를 낳기 쉽다. 외부의 끊임없는 비판에 공기업들이 몇 년 전부터 '윤리경영' '경영혁신'을 외치지만, 과거보다 더 나아졌다는 증거를 찾기란 어렵다.

헬스클럽에 골프 용품까지 펑펑

지난해 3월31일 한국산업기술평가원(산기평)에 근무하는 김아무개씨는 인터내셔널클럽 매니지먼트(헬스클럽)에서 49만원을 결제했다. 사용된 카드는 회사 경비를 지출할 때에만 사용할 수 있도록 한 법인카드였다. 그런데도 김씨가 개인적 용도에 법인카드를 쓴 것이다. 산기평의 또 다른 김아무개씨는 같은 해 7월15일 미국의 공인 영어시험인 토플(TOEFL) 응시료 59만원을 같은 방식으로 결제했다. 이들 외에도 회삿돈을 제 돈 쓰듯이 한 임직원들은 적지 않다.

그렇다면 직원 윤리강령 실천의 일환으로 지난해 8월부터 도입된 '클린 법인카드제'가 시행되면서 상황이 조금 나아졌을까? 달라진 것은 없다. 되레 악화됐다는 얘기가 나올 정도다. 문제는 제도가 아니라 사람이다.

지난 1월 산기평의 한 직원은 경기도에 있는 대형 유통점에서 158ℓ짜리 김치냉장고를 샀다. 가격은 59만8천원이었다. 회사 물품이 아니었지만 그는 법인카드로 대금을 지불했다. 또 다른 직원은 대전에 있는 대형 할인마트에서 골프공, 골프장갑 등 72개의 품목을 사[...] 데 든 72만9천원을 법인카드로 계산했다. [...] 인용 카드가 개인용 카드로 전락한 것이다.

산업자원부 산하 정부기관인 산기평은 [...] 난해 8월부터 임직원 거의 전원(162명)에 [...] 법인카드(이른바 클린카드)를 지급했다. [...] 초 뜻은 좋았다. 2004년 당시 민주노동당 [...] 승수 의원 등의 지적에 따라 도입된 것으[...] 회사 경비를 지출할 때 법인카드 사용을 원[...] 으로 정해 예산 집행·관리의 효율성과 투[...] 성을 꾀하자는 것이었다. 법인카드 사용수[...] 도 마련했다. 업무 목적의 경비처리에만 사[...] 토록 한 것이다. 1인당 한도는 적게는 월 1[...] 만원에서 많게는 2천만원까지 부여됐다. [...] 기평은 단란주점이나 나이트클럽, 룸살[...]

한국산업기술평가원의 법인카드 남용은 공기업의 도덕[...] 해이를 보여주는 대표적 사례다. 이같은 문제를 제기한 [...] 성권 한나라당 의원이 국회 산업자원위원회 국정감사에서 질의를 하고 있다.

40 | 20061121 | 한겨레21

한겨레21 2006. 11. 21

시민패널단, 지역 의원 의정활동 2년 평가

법률안 발의 '질적평가' 평균 67점
A · B그룹 가운데 3선 이상 단 1명

종합성적에서 A(최우수)그룹에 속한 의원(이하 성적순)은 한나라당의 엄호성(재선), 열린우리당 장향숙, 한나라당 유기준, **이성권**(이상 초선) 의원 등 4명이었다.

강창일·김우남·김재윤
'우수국회의원'

대통합민주신당 소속 제주지역 국회의원 3명이 나란히 '올해의 우수의원'에 선정돼 특별인센티브를 받게 된다.

국회사무처가 지난 2006년 11월부터 올 10월까지 발의·가결된 법안을 기준으로 의정활동을 평가한 결과 '강창일·김우남·김재윤' 의원이 나란히 '우수의원'으로 선정됐다.

최우수 의원은 김석준 박상돈 안명옥 이성구 이성권 장향숙 정형근 의원 등 7명이며 우수의원은 강창일·김우남·김재윤 의원을 포함, 모두 34명이다.

혈세 감시자

국회의원을 하면서 분노를 느낄 때가 많았다. 국민의 혈세(血稅)를 자기 호주머니의 돈처럼 사용하는 공직자들을 볼 때 특히 그랬다. 기초생활수급자 혹은 독거노인에게 지원되어야 할 돈 수십억 원을 꿀꺽한 공무원의 간은 도대체 얼마나 클까? 국민의 혈세를 눈먼 돈 취급하는 이런 행태는 중대한 범죄행위이다. 그래서 국민의 혈세가 제대로 집행되는지를 감시, 견제하는 것도 국회의원의 중요한 책무이다.

2006년 국정감사를 앞두고 산업자원부의 모 산하기관에 관한 제보가 들어왔다. 이 기관은 기업의 경쟁력 제고를 위해 2조원이 넘는 연구/개발(R&D) 예산의 배분과 함께 각 연구과제가 제대로 수행되고 있는지를 평가하는 업무를 맡고 있다. 그런데 이 기관의 전 직원이 법인카드를 발급받아 사용하는데, 사적인 용도 집행이 많다는 제보였던 것이다. 정부의 어느 기관도, 심지어 사기업조차도 전 직원에게 법인카드를 발급해주는 경우는 없다. 정말 납득하기 어려운 일이었다.

이 기관에 3년간 집행한 법인카드 사용 내역을 보고하라고 했다. 모두 적법하게 사용했다는 자료를 만들어왔다. 제보에 따르면 그럴 턱이 없었다. 나와 보좌진은 이 기관의 뻔뻔한 태도에 황당했다. 국회를 농락하는 행위와 마찬가지였다. 그래서 우리 손으로 직접 규명하기로 했다. 3년간의 카드 사용 영수증을 복사해서 보내라고 했다. 이 기관은 당황하면서 분량이 너무 많으니 양해를 해 달라고 핑계를 댔지만 우리는 끝까지 영수증 전체를 받았다. 20박스에 가까운 엄청난 양이었다. 엑셀에 집행 항목별로 분류해서 입력을 시작했다. 아르바이트 학생까지 단기 고용해 속도를 내었다.

모든 분석 작업이 끝났다. 이 기관 법인카드의 편법, 탈법 지출이 명백히 드러났다. 공기업의 법인카드로 김치냉장고를 산 직원도 있었다. 심지어는 대형 할인마트에서 기저귀, 분유를 산 직원까지 있었다. 골프 용품 구입, 카드사용 자체가 제한되어 있는 노래방, 유흥주점에서까지 법인카드를 마음대로 사용했다. '카드깡'도 있었고 상부기관인 산업자원부의 회식비 대납도 있었다. 해도 해도 너무했다. 도덕 불감증의 종합판 이었다.

이 분석을 근거로 국정감사 때 '000기관의 법인카드 사용과 문제점'이라는 별도의 보고서를 발간해 그 행태를 고발했다. 그 결과 산업자원부와 총리실에서 특별조사가 실시되었다. 우리가 밝혀낸 것이 모두 명백한 사실임이 입증되었다. 이로 인해 관련자 전원은 징계 조치를 받았다. 동시에 부당 집행에 대한 환수조치가 이루어졌다. 또한 전 직원에게 발급되었던 법인카드는 임원급에서만 사용 될 수 있도록 제도도 개선되었다.

2007 국정감사 우수의원 수상

나와 보좌진은 매번 국정감사에서 이런 방식으로 정부기관의 혈세 낭비와 방만한 경영을 감시했다. 그런 덕분에 270여개의 시민단체가 참여한 '국정감사 NGO 모니터단'으로부터 국정감사 우수의원으로 선정되었다. 정책국감, 민생국감, 생활국감을 추구했던 노력이 그 성과를 본 것이라 그 기쁨은 말 할 수 없이 컸다.

“머리에 피도 안 마른 녀석이 동네를 알겠어?”

만 35살의 새파란 녀석이 지역의 국회의원이 되었으니 어른들 입장에서는 불안했을 것이다. 17대 국회 남성 최연소 의원이라는 타이틀은 내 개인의 영광이지만 지역 주민들에게는 일부 걱정거리이기도 했을 것이다.

부산 말로, “얼라(어린애)가 머를 알겠노?”의 심정이었을 것이다. 하지만 적어도 국회와 정당 활동 등 중앙정치 만큼은 자신 있었다. 왜냐하면 15대 국회 때의 비서관 경험과 그 이후 일본 정치권에서의 활동 등의 경험이 있었기 때문이었다.

반면, 지역구 활동에서는 지역 어르신들의 우려가 전혀 터무니없는 것은 아니었다. 그 전에 국회의원을 했던 분들은 대부분 나이가 지긋한 분들이었다. 안정감이 있었을 것이다. 나로서는 이런 시선이 부담스럽기는 했지만 큰 우려는 하지 않았다.

이유는 단순하다. 주민 위에 군림하지 않으면 된다고 생각했기 때문이다. 국회의원의 권위는 국회에서나 혹은 행정부와의 관계에서 세우면 된다. 주민과의 관계에서는 정치생명을 부여한 존재에 대한 공복심(公僕心)만 가지면 되는 것이다. 같은 높이에서 혹은 더 낮은 자세로 보다 많이 소통하고 함께 고민한다면 이런 기우는 말끔히 해소되는 것이다.

그래서 지역구 행사가 있을 때면 축사나 격려사만 하고 바쁜 체 하며 사라지지 않았다. 체육대회가 있을 때면 바로 체육복을 갈아입고 땀을 흘리며 어울렸고 김장을 담그는 행사 때면 고무장갑을 끼고 함께 양념을 버무렸다. 수박 겉핥기식으로 하루에 몇 건의 행사를 뛰기보다는 한군데서 지긋하게 어울렸다.

그런데 참 묘하게도 이런 행동이 어떻게 보면 일이라서 피곤할 수 있지만 나는 항상 스스로 즐거웠다. 아마도 시골에서 농부의 자식으로 자란 환경 때문이 아닌가 생각된다. 이렇게 즐거운 마음, 기꺼운 마음으로 지역 주민을 대하다 보니 그 분들도 자연스레 나를 편안하게 대하는 분위기가 형성되었다.

"이거 안 해주면 다음에 재선도 없십니더!"

듣기에 따라서는 기분 나쁜 말이다. 하지만 나는 이런 반협박성 말이 좋다. 왜냐하면 자신들의 권익을 당당히 국회의원에게 요구하는 것이기 때문이다. 국회의원에게 지역현안이나 민원사항을 구걸할 필요가 없다. 국회의원을 뽑아 준 이유가 심부름을 시키기 위한 것이기 때문이다.

사실 국회의원들이 의정보고서를 통해 홍보하고 있는 자신의 업적은 결코 혼자서 한 것이 아니다. 지역구에서 함께 활동하고 있는 구청장, 시의원, 구의원이 확보한 구비, 시비, 국비가 총괄되어 있는 것이다. 그리고 더 근본적으로는 지역 주민들의 갈망과 요구, 지원이 있었기 때문에 가능한 것이다. 지역 주민들이 당당하게 요구 할수록 그 결과는 달라지는 법이다.

내가 국회의원을 할 때 이런 조건과 노력들이 모두 종합되어 탄생한 사업이 있다. 국회의원, 구의원, 상인회 등이 3위 일체가 된 사업으로 개금동의 골목시장 현대화 사업이다.

골목시장은 중소규모의 재래시장으로 나지막한 경사지에 길게 위치해 있고 전선줄이 복잡하게 얽혀 있어 현대화시키기에 조금 어려운 곳이었다. 하지만 나는 이곳에 유달리 애정을 가졌다. 이곳에서 생업을 이어가는 사람들이 바로 서민이기 때문이다. 이들을 위해 정

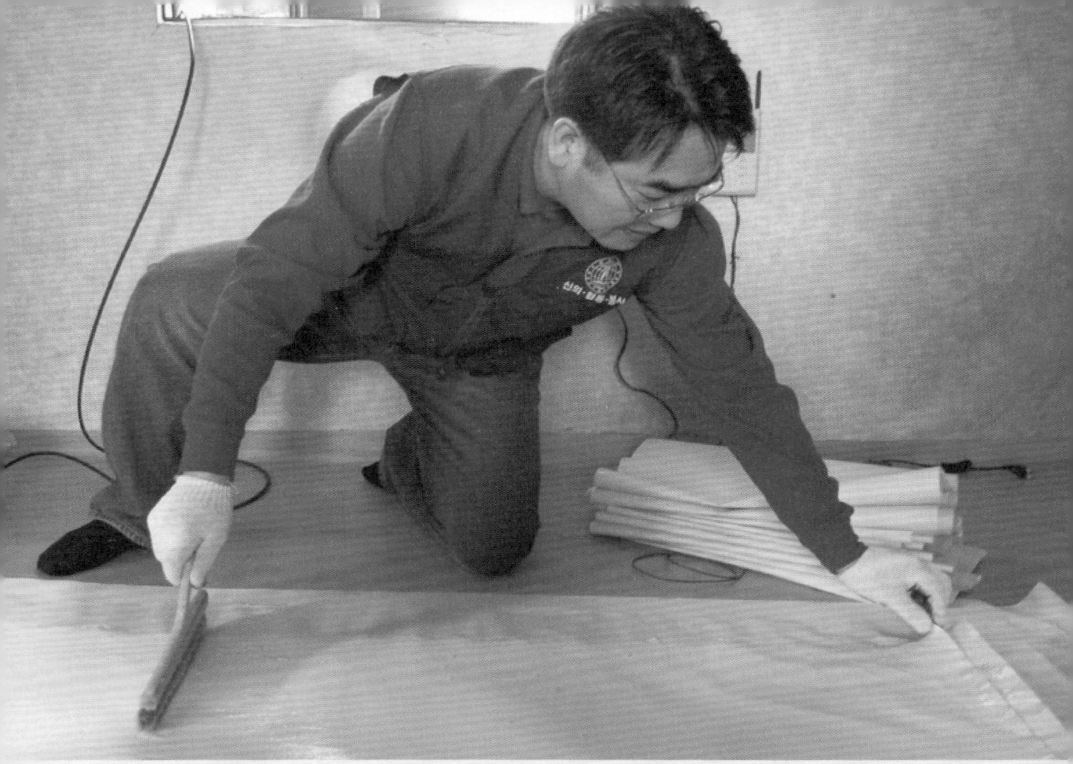

치가 존재하는 것이다. 선거운동 당시에도 이곳에서 첫 연설과 마지막 연설을 했다. 그 정도로 나에게는 상징적으로 중요한 곳이다. 이 지역의 구의원과 상인회의 적극적인 협박(?)과 지원이 없었다면 사업이 성사되기 쉽지 않았을 것이다. 상인회와 구의원은 수시로 회의를 소집해서 골목시장의 현대화 필요성에 대한 논리를 개발하고 전파했다.

동시에 골목시장에 맞는 현대화 형태를 개발하기 위해 전국의 성공적인 재래시장뿐만 아니라 일본의 재래시장까지 시찰을 가는 노력을 기울였다. 이런 정성과 노력이 있었기에 나의 국비와 시비 확보

노력도 탄력이 붙게 되었다.

정부 부처와의 줄다리기를 통해 다른 지역으로 가게 되어 있는 예산을 확보하게 되었고 동시에 시의 예산도 확보했다.

이렇게 3자의 노력에 의해 개금동 골목시장이 현대화되게 되었다. 아케이드가 설치되어 비와 바람, 햇볕을 피할 수 있게 되었고, 거미줄처럼 복잡한 전선은 모두 지하로 매설되어 깔끔한 시장 환경이 조성되었다.

이와 유사한 사례는 부지기수다. 개금3동에 위치한 개포 초등학교의 '다목적 강당'도 마찬가지다. 국회의원, 교장, 학부모의 3위 일체가 있었기에 가능했다. 지금은 숭어도 올라온다고 하는 동천의 하천 정화 사업도 국회의원, 시의원, 구의원, 구청장의 노력의 결합이다. 지역구의 사업은 개인의 힘으로 달성되는 경우가 없다. 그 지역주민과 그들의 대리인들이 일심동체가 되었을 때 달성되는 것이다. 그러니 지역주민들은 구걸할게 아니라 당당하게 요구해야 하고 국회의원은 그것을 소임으로 알고 심부름을 해야 한다는 것이 나의 생각이다.

가장 안정된 것은 '수평'

긴 장대를 수직으로 세우면 불안정하다. 언제든지 넘어지려 한다. 반면 수평으로 눕히면 안정적이다. 조직도 마찬가지라는 것이 나의 판단이다. 조직은 항상 서열이 있게 마련이다. 그 조직의 서열을 수직으로만 세우고 상명하복(上命下服)만 강요한다면 과연 오래 갈 수 있을까. 요즘과 같이 민주주의가 조직운영의 기본이 되어 있는 시대에.

정당이라는 조직도 마찬가지이다. 오래전부터 정당의 민주화라는 말들이 있어 왔다. 당권을 쥔 사람의 일방적인 의사결정이 아니라 다양한 의견을 합리적인 방법을 통해 수렴해서 당론을 결정한다는 것을 의미한다.

좋은 말이다. 하지만 현실에서는 그게 안 된다. 이유는 간단하다. 정당에 소속된 개별 국회의원들이 중앙당에서 활동을 할 때는 민주적인 정당운영을 요구하지만, 실제로 자신이 관할하고 있는 당원협의회(옛 지구당)를 독재적 방식으로 운영하기 때문이다. 진정한 민주주의는 결코 위로부터 이식될 수 없다. 아래인 땅에서 뿌리를 내리는 것이다. 여기서 땅이란 일반 당원을 의미한다.

그런데 이 당원들을 가장 근접에서 책임지고 있는 당협위원장(국회의원)이 역설적이게도 자신의 기득권을 지키기 위해 권위적인 경우가 많다. 중앙당과 개별 당원을 이어주고 있는 국회의원들이 위로는 당내 민주주의를 요구하지만 아래로는 비민주적인 정당 운영을 하는 것이다.

따라서 당내 민주화는 항상 슬로건과 투쟁 수단에 불과했다. 자신들이 정착시키고 싶어 하는 진정한 문화는 아니었던 것이다. 물론 모든 정당과 모든 당원협의회가 그렇다는 것은 아니다. 하지만 적어도 그런 문화가 아직도 팽배한 것은 부정할 수 없는 진실이다. 지역구에서 국회의원은 형식상 가장 높은 직책이다. 그런데 그 의원이 장대를 세우고 그 위에 서 있다고 생각을 해보라. 그는 아래를 내려다보며 하명(下命)을 할지는 모르지만, 가장 불안정하고 위태로운 처지에 있다. 자칫 아래에서 흔들리면 자신은 그 높은 장대에서 떨어지기 마련이다.

그래서 나는 당원협의회를 운영할 때 항상 토론을 중심으로 삼았다. 사소한 작은 안건이라도 각 동별 책임자들과 의논을 했다. 이런 논의를 할 때는 직위를 가리지 않았다. 국회의원이든, 지방의원이든, 일반 당원이든 수평적 입장에서 논의할 수 있는 분위기를 만든 것이다. 왜냐하면 그 분들이 당을 지키는 가장 중요한 분들이기 때문이다.

열 손가락 깨물어 안 아픈 손가락 없다

당원협의회 운영과 지역구 관리에서 가장 어려웠던 부분은 역시, 전국 동시지방선거 때 공천을 제대로 하는 것과 공천자 전원을 당선시키는 것이었다. 정당의 입장에서는 소비자인 유권자에게 좋은 상품을 선별해서 내놓아야 하는 것이다.

공천을 신청한 사람은 무수히 많지만 받을 사람은 단 한 명. 모두가 당연히 자신이 받아야 한다고 생각한다. 실제로 신청자들은 당을 위해서 헌신한 분들이기 때문에 개인을 놓고 보면 흠잡을 데가 없는 훌륭한 분들이다. 이 분들 중에 한 사람만 공천을 받고 나머지는 낙천하게 된다. 얼마나 가슴 아프겠는가. 나에게 있어서는 각각의 크기와 굵기가 다르지만 한 손바닥에 붙어 있는 열 개의 손가락과 다를 바 없는 분들이다.

공천 심사는 형식상으로는 시당위원회에 구성된 공천심사위원 회에서 진행하지만 실제로는 개별 국회의원들의 의견이 존중되게 마련이다. 그런 만큼 국회의원의 권한은 많지만 역으로 그 부담감은 더욱 크다 할 수 있다.

"A 신청자는 의원님 선거 때 가장 노골적으로 의원님을 반대하고 다른 후보 진영에서 선거운동을 했던 사람입니다. 절대 공천 주어서는 안 됩니다."

틀린 말이 아니었다. 실제로 공천 신청자 중에는 17대 총선 때 한나라당 소속이었음에도 불구하고 다른 후보를 도왔던 사람들이 많았다. 당연히 나와는 악연이고 이것을 이유로 공천을 주지 않을 수도 있다.

하지만 나는 그렇게 하지 않았다. 두 가지 이유에서다.

우선은 공천의 기준이 국회의원 개인의 감정과 주관에 의존해서는 안 된다고 생각했기 때문이다. 지방의원은 비록 국회의원 보다는 관할 영역이 좁지만, 마찬가지로 유권자가 뽑는 일꾼이다. 그 일꾼을 뽑을 수 있는 자격은 유권자인 주민에게 있다. 따라서 주민의 의견을 최대한 존중해서 신임을 받고 능력 있는 사람을 우선적으로 선발해야 하는 것이다. 나 개인의 주관은 그 다음의 문제인 것이다. 그래서 나는 철저히 지역 주민의 의사를 존중했다. 지역 원로 어른들을 찾아가 의견을 듣기도 하고 등산로나 시장통에서 일반 주민들의 의견도 수렴했다. 그 의견을 종합해서 한나라당 시당위원회의 공천심사위원회에 전달했다. 설령 나의 국회의원 선거 때 나를 반대했다고 하더라도 지역주민의 여론을 수렴해서 적합한 인물에게 공천을 주려고 노력했다.

또 하나의 이유는 '권력'은 독점하는 것이 아니라 나누어야 한다는 나의 소신과도 맞물려 있다. 비록 국가와는 비교가 되지 않지만 지역사회에도 다양한 의견을 가진 사람과 세력이 존재한다. 그런데 한 개인이 지역사회의 최고 권력을 가졌다고 해서 그 나머지 사람과 세력을 배척한다면 그것은 공산주의사회와 다를 바가 없다. 다양한 의견과 세력이 공존하는 민주사회와는 부합되지 않는 것이다.

특히 권력은 '독점'하려는 순간부터 부패하거나 역풍을 맞게 마련이다. 모든 인류의 역사가 그것을 입증해 준다. 그래서 비록 나를 반대했다 하더라도 그 분들을 존중하고 그 분들이 더욱 봉사할 수 있도록 하는 것이 지역사회를 발전시키고 화합시키는 것이라고 판단했던 것이다.

지역주민 앞에 내세울 한나라당의 대표선수들이 선발되었다. 하지만 문제는 여기에서 끝나지 않았다. 기초의원 선거 방식이 각 동별로 1명씩 뽑는 소선거구제에서 2~4개 동을 묶어서 2명을 뽑는 중선거구제로 변경된 것이다. 덩치가 큰 정당으로서는 곤혹스러운 선거방식이다.

한나라당 공천은 2명 모두에게 주지만 그 중의 한 명이 몰표를 가져가면 득표력 있는 무소속 혹은 다른 정당의 후보자가 2순위로 당선될 가능성이 높기 때문이다.

나는 지방 선거가 시작될 시점부터 서울에 있는 보좌진 중에서 2명을 차출하였다. 처음으로 선거를 치르는 후보자를 돕기 위해서였다. 보좌진을 통해서 홍보물 제작에서부터 일정 수립 등 전반적인 선거운동의 지원에 나서도록 했다.

특히 심혈을 기울였던 것은 동일한 선거구에서 우리당 후보자를 동반 당선시키기 위해 한쪽으로만 몰표가 발생하지 않도록 방지하는 것이었다.

그래서 최대한 과학적으로 선거운동을 했다. 각 선거구별로 선거 초반과 중반에 여론조사를 실시해서 유권자들의 후보자 지지 흐름을 읽어 내었다. 한쪽 후보가 압도적인 지지를 받고 있으면 그 후보의 선거운동 영역을 좁히고 적은 지지를 받고 있는 후보의 활동 폭을 넓혀주었다. 이런 과정을 거쳐서 우리 지역구의 모든 한나라 당 후보자는 100% 당선되었다.

흔들리지 않고 피는 꽃이 어디 있으랴

국회의원 4년! 한마디로 숨 가쁘게 달려온 시간이었다. 270여개의 NGO가 선정한 국정감사 우수의원, 국회 사무처가 선정한 최우수 입법의원, 57건의 법안 발의로 17대 국회 부산지역 의원 중 1위. 남성 최연소 국회의원이라는 타이틀이 부끄럽지 않기 위해 열정적인 의정활동을 했다.

한나라당 청년위원장, 중앙당 상임운영위원, 이명박 한나라당 대통령 경선후보 수행실장, 한나라당 대통령후보 청년본부장. 10년간의 야당생활을 끝내고 정권 창출을 위해서도 헌신적인 활동을 했다. 지역구의 화합을 위해서 권력의 양보와 분점을 실천했으며 대화와 소통을 통해서 서민의 목소리도 들었다. 그리고 그들의 삶의 질을 향상시키기 위해 재래시장 현대화 사업에서부터 막힌 길은 뚫고 좁은 길은 넓혔다. 하천도 친환경적으로 정비하고 체육시설도 확충했다.

그래서 솔직히 자만했다. 당연히 18대 국회의원 선거에서 한나라당의 공천을 받고 더 열심히 지역에 봉사할 수 있는 기회가 보장될 것이라 생각했던 것이었다. 내가 처음으로 공천을 받았던 17대 국회의 한나라당만 생각했기 때문이었다.

하지만 18대 국회의 한나라당 공천은 달랐다. 공정한 룰도 없었다. 지금까지 당시의 공천 기준과 원칙이 무엇인지 아무도 알지 못한다. 그저 약육강식의 법칙만 있었다. 한마디로 당시의 공천은 '중간 장수(將帥)들의 전리품 챙기기', 혹은 '특정인의 인맥 만들기'였다고 해도 과언이 아니다. 큰 전쟁이 끝나고 난 뒤 승자의 편에 선 중간 장수들이 그 정치적 과실을 따먹으려 한나라당의 역사를 후퇴시켰다. 모두들 권력에 취했다.

중간 장수들은 앞으로 무한정 자신들의 세상이 펼쳐지리라 생각 했을 것이다. 그리고 그 세상을 대비해 세력을 만들려고 했을 것이다. 그러다보니 합리적이고 객관적인 기준은 폐기 처분되었다. 그 과정에서 힘은 없지만 정말 훌륭한 의원과 공천신청자들이 희생당했다.

나는 공천에서 탈락했다. 한참 지나고 나서 누가 어떻게 농간을 부리고, 공천 결과에 무엇이 영향을 미쳤는지도 알게 되었다. 하지만 나는 깨끗이 승복했다. 낙천(落薦)에 울고 있을 필요와 여유가 없었다. 나는 아직 젊다. 가야할 길도 멀다. 그저 돌부리에 걸려 넘어져 무릎에 피가 좀 날 뿐. 일어나서 걸어가면 된다.

"국회의원 출신이 어떻게 감사직을?"
감사직에 대한 편견과의 싸움
지구를 12바퀴 돌다
정보는 나눌수록 힘이 된다
감사는 저격수가 아니라 상담사다
친절한 감사씨와 화상(畵像) 감사
쏠 때는 벌처럼
국정감사에서 칭찬받은 상임감사
국정 운영의 컨트롤 타워 청와대로 들어가다

더 넓은 세계에 대한 도전

"국회의원 출신이 어떻게 감사직을?"

낙천(落薦) 후 공식 백수가 되었다. 덕분에 몇 년 만에 가족과 여유로운 시간을 보내고 있는데 연락이 왔다. 4년간의 국회의원 경험과 지식을 썩혀서는 안 되니 코트라(대한무역투자진흥공사)의 상임감사로 가면 어떻겠느냐는 것이었다.

주변 사람들과 상의했다. 대부분의 사람들은 반대였다. 동료의원들도, 친하게 지내는 기자들도 반응은 한결같았다. 국회의원 출신이 어떻게 한참 낮추어서 감사직으로 가느냐는 것이었다. 기관장으로 가야 한다는 주장이었다. 이제까지의 관례로 보면 틀린 말은 아니었다.

하지만 나는 생각이 달랐다. 직업에 귀천이 없듯이 직위나 직책에도 높낮이가 없는 법이다. 그저 역할 분담이 있을 뿐이라는 것이 내 생각이다. 코트라의 사장이든 상임감사든 우리 기업의 수출 진흥을 위해서 노력하는 것은 매한가지다. 단지 역할만 다를 뿐이다. 오히려 나는 국회의원으로서 국정감사를 많이 해 보았으니 '감사 직무'도 어울릴 것이라고 생각했다. 외부 감사인에서 내부 감사인으로 입장만 바뀔 뿐 달라지는 것은 없었다.

무엇보다도 코트라에서 일을 한다는 것이 너무나 기뻤다. 국회의원으로 활동할 당시 '산업자원위원회'(현 지식경제위원회)에서 활동을 했기 때문에 코트라의 중요성에 대해서 누구보다 잘 알고 있었다.

자원도 없고 영토는 좁고 인구는 많은 나라의 생존은 결국 무역과 통상을 통해 찾아야 한다. 그것을 전담하고 있는 정부기관이 바로 코트라다. 코트라는 고구려의 광개토대왕이나 신라의 해상왕 장보고와 같은 존재이다. 전 세계를 대상으로 '경제 영토 넓히기'를 하는 최일선의 정부기관이기 때문이다.

감사직에 대한 편견과의 싸움

코트라 상임감사로 출근을 시작하자 주변 사람들의 반응이 황당했다.

“좋겠다. 별 하는 일도 없이 연봉은 높으니.”
“출퇴근도 마음대로 하고 전 세계 여행도 할 수 있고. 부럽다.”

어떻게 보면 이들의 반응은 당연하다. 지금까지의 정부기관 감사의 모습이었으니. 하지만 나는 15대 국회 때 비서관으로, 17대 국회에서는 의원으로서 정부기관에 대한 국정감사를 수없이 해 봤다. 그래서 누구보다도 더 공공기관의 문제점을 인식하고 있었다. 그런 내가 기존 감사들의 행태를 반복할리 만무했다.

나는 상임감사로 취임 후 우선 스스로의 근무기강을 철저히 했다. 상임감사는 내부 감시자로서 조직 내부가 부패하지 않도록 예방해야 한다. 그러기 위해서 조직 내부에서 가장 도덕적인 의식과 행동을 보여야 하는 것이다. 스스로 도덕적인 권위가 서 있지 않으면 조직의 내부문제를 적발하고 처분을 내려도 누가 따르겠는가. 가장 기본인 출퇴근 시간에서부터 솔선수범했다. 아무리 전날 술을 많이 마셔도 지각하지 않았다. 내가 지각하는 모습을 보여주면서 나중에 근무기강을 점검하기 위해 지각 체크를 할 수 있겠는가.

코트라 해외 출장

또한 해외 감사출장을 갈 때는 절대 관광지의 여행일정을 넣지 않도록 지시했다. 나도 코트라 임원의 한 사람이므로 우리 기업에 조금이라도 도움이 될 수 있는 일정을 넣으라고 했다.

그래서 대부분의 일정은 현지에 진출해 있는 우리기업의 애로사항을 청취하는 간담회, 혹은 우리나라로 기업유치를 했으면 하는 주재국의 기업인 면담, 산업 및 항만 시설 시찰, 현지에 정착해 살고 있는 교민과의 간담회와 같은 일정으로 짜여졌다.

경우에 따라서는 조찬부터 시작해서 하루에 5~6개의 일정을 소화해야 할 때도 있었다. 솔직히 시차를 감안하면 거의 살인적인 일정이라 하지 않을 수 없었다. 하지만 이런 시간이 가장 나에게 보람 있었다.

지구를 12바퀴 돌다

정말 많이 다녔다. 코트라 상임감사 2년이라는 기간 동안 47개 국가, 57개 도시를 방문했다. 북미, 유럽과 같은 선진국에서부터 아프리카, 서남아시아와 같은 후진국까지 안 가본 곳이 없을 정도다. 한 번 출장에 보통 5~6개국을 방문했다. 짧게는 한 국가당 1박 3일도 있고 보통은 3박 4일간의 일정이었다. 전체적으로 20일 안팎이다. 이렇게 장거리 비행과 시차에 시달리다 보면 생체리듬은 거의 파괴된다. 그래도 꿋꿋하게 일정을 소화했다. 다닌 거리를 환산해 보니 지구를 12바퀴 돌았다. 그런 만큼 많은 것을 보고 배웠다. 또한 코트라의 임원으로서 많은 일을 했다.

콜롬비아 보고타에서 저녁 8시 30분 비행기에 탑승했다. LA와 베네주엘라, 멕시코 일정을 거치고 온 상태라 이미 컨디션은 좋지 않았다. 브라질의 상파울루에 새벽 5시 30분에 도착했다. 아무리 밤이라고는 하지만 좁은 비행기 안에서 제대로 잘 수 없었다. 호텔에 체크인을 하고 간단한 샤워 후 바로 코트라 지사로 가서 업무 보고를 받았다. 이때 이미 몸살기가 있을 정도로 상태가 좋지 않았다.

하지만 쉴 수 없었다. 업무 보고를 듣고 바로 공항으로 갔다. 상파울루에서 500Km 정도 떨어진 리우데자네이루 [Rio de Janeiro]로 날아갔다. 중요한 일이 있었기 때문이다.

페트로브라스(Petrobras)는 브라질 석유공사이다. 포천지 선정 글로벌 500대 기업 중에서 10위권에 들어가는 기업이다. 이 기업에서 회장 다음으로 만나기 힘들다는, 재정을 총괄하고 있는 CFO인 Almir Guilherme씨를 만나야 했던 것이다. 이제껏 코트라 지사에서 접촉을 하려 했지만 만나주지 않았는데 본사에서 임원이 온다고 하니 만나겠다는 것이었다. 만나서 내가 해야 될 임무는 이 CFO를 한국으로 초청하는 것이었다. 브라질의 풍부한 석유자원과 한국의 뛰어난 조선 산업을 융합시키기 위해 CFO를 한국으로 초청해 직접 발달된 조선 산업을 눈으로 보게 만들어야 했다.

예정된 1시간의 면담이 끝나고 그는 결국 직접 한국을 방문하겠다고 약속했다. 그리고 조선 산업과 기자재 산업이 발달한 부산도 방문하겠다고 했다. 물론 나중에 이 약속을 지켰다. 코트라의 감사직을 맡고 있지만 임원의 한 사람으로서 우리나라의 무역에 조금이라도 일조했다는 점에 있어서 큰 보람을 느꼈다.

지금 생각해 봐도 코트라에서의 근무기간은 나를 가장 풍부하게 만들어준 시간이었다. 방문한 나라의 경제와 산업뿐만 아니라 정치, 문화까지 볼 수 있었다. 번창하는 도시가 있으면 그렇게 번창할 수 있었던 동력이 무엇인지 고민해 보았다. 우리 한민족 동포들이 전 세계 곳곳에서 어떻게 생활하고 있는지도 세밀하게 볼 수 있었다. 책으

브라질 석유공사 페트로브라스(Petrobras) CFO인 Almir Guilherme 면담

로 아무리 많이 읽어도 알 수 없는 것을 나는 직접 체험했던 것이다. 시간이 흘렀지만 지금까지도 내 마음속에 조금도 흐트러짐 없이 이 체험들이 간직되어 있다. 그런데 이런 경험들이 비록 불발되었지만 2030부산엑스포 유치 활동에 있어서 큰 도움이 되었다.

정보는 나눌수록 힘이 된다

국제신문에 근무하는 당시 고기화 편집국장로부터 우연히 연락이 왔다. 얼굴 본 지 오래되어 차 한 잔을 마시게 되었다.

"이 감사. 해외 출장 다닌다고 고생 많지. 어때? 우리 신문에 기고해 볼 생각 없나?"

"기고요? 뭐. 좋습니다. 그런데 무슨 주제로 할까요?"

"여행기가 좋을 것 같은데. 이 감사처럼 다양한 나라를 다닐 수 있는 사람이 없으니 혼자만 간직하지 말고 다른 사람들에게도 공유하면 좋은 정보가 될 것 같은데..."

"예? 여행기요! 선배님. 그건 불가능합니다. 제가 해외출장을 많이 다니는 것은 사실이지만 절대 관광지를 다니지 않습니다. 제 일정은 모두 무역이나 산업에 맞추어 짜여있습니다. 혹시 필요하다면 해외의 경제 및 산업동향을 우리 중소기업, 특히 부산경남의 기업에 도움이 될 수 있도록 쓸 수는 있습니다."

"그런가? 그럼 회사 차원에서 다시 한번 논의해 보겠네."

이렇게 해서 나는 [바깥에서 본 한국경제]라는 칼럼을 한 주에 한 편씩 2년 가까이 정기적으로 기고하게 되었다. 이렇게 글을 기고할 수 있는 기회를 준 편집국장과 국제신문에 대해 지금까지 감사한 마음을 간직하고 있다.

글 한편을 적기 위해 엄청난 공부를 해야 했다. 내가 방문한 나라에서 보고 듣고 느낀 것을 생생하게 독자에 전달해야 했기 때문이다. 그러기 위해서는 미리 그 나라의 경제와 산업에 대해서 포괄적인 공부를 하고, 그런 후 전달할 메시지를 정하고 사례를 발굴했다. 그리고는 다시 그 사례에 나의 경험을 접목시켜 글을 완성했다. 사실 24시간 글만 적는 환경이면 큰 어려움은 없을 것이다. 하지만 장거리 비행과 시차로 인한 피로도가 높은 상태에다 빡빡한 낮 일정을 마치고 호텔에 들어와 글을 써야 했기에 육체적으로도 노동 강도가 극심했다. 하지만 한 번도 내 사정에 의해 글이 중단된 적이 없었다. 미리 2~3주 뒤의 아이템까지 준비해가면서 글을 썼기 때문이다. 그 정도로 나는 내가 맡은 칼럼에 책임감을 느끼고 있었다. 내 칼럼으로 인해 한 명의 기업인이라도 도움을 받으면 그것이 보람이기 때문이었다. 칼럼이 신문에 실리자 친한 기자와 기업인으로부터 전화가 왔다.

"이 글 네가 적은 것 맞냐? 기자인 나보다 더 잘 쓰는데."

"이 감사님 덕분에 주요 수출 대상 국가를 결정하게 되었습니다. 앞으로도 좋은 글 부탁합니다."

이런 말을 들을 때면 뼛속 깊이 파고 들었던 피로조차 날아가 버리는 느낌이었다. 보람으로 충만하여 희열을 느꼈다.

evo

감사는 저격수가 아니라 상담사다

감사(監査). 살피고 조사한다는 뜻을 가진 한자가 둘씩이나 겹쳐진 말. 얼마나 무서운 말인가. 조직이 부패하지 않도록 내부에서 이런 활동을 하는 사람이 감사인(監査人)이다. 감사인은 항상 문제를 적발하고 처분을 내린다.

그래서 감사 대상인 피감사인은 항상 감사인을 두려워하고 멀리하려고 한다. 저격수처럼 숨어서 문제를 적발하고 징계라는 총을 쏘는 존재라고 생각하기 때문이다.

하지만 나는 이 이미지를 탈바꿈하려고 노력했다.

왜냐? 그것은 반만 진실이기 때문이다. 문제가 발생했을 때 처벌하는 것도 중요하지만 더 본질적인 것은 문제가 발생하지 않도록 하는 것이다. 그것이 바로 '예방감사'이다. 병이 나서 수술하는 것이 중요한가? 병이 나지 않도록 예방하는 것이 중요한가? 바로 내가 집중했던 것은 조직이 병들지 않도록 예방적 활동, 즉 예방감사를 하는 것이었다. 조직은 생명체다. 집단심리라는 것도 존재한다. 집단정신, 집단 문화. 이런 것들이 평소 얼마나 건강하게 유지되는가에 따라서 그 조직의 청렴도가 좌우되는 것이다. 나는 이 점에 착목했다. 무엇보다 중요한 것은 감사인은 평소에 조직 심리의 미묘한 변화도 내 몸처럼 느끼고 있어야 한다. 그래야 약간의 이상증상에도 예방책을 쓸 수 있기 때문이다. 의사가 청진기 혹은 진맥을 통해서 환자의 기본적

몸 상태를 측정하듯이 나는 '소통'이라는 청진기를 활용했다.

임원들과는 회의에서 자주 소통을 하지만 일반 직원과의 소통은 어려움이 있기 마련이다. 나는 아무리 바빠도 되도록 점심과 저녁 식사는 직원들과 수시로 함께 했다. 입사 기수별로, 근무 팀별로, 혹은 취미 동아리별로. 심지어는 소주 한잔 하고 난 후 당구도 함께 치고 나이트클럽을 가기도 했다.

기존의 감사에게서 볼 수 없는 파격적인 행동이었다. 감사인에 대한 거부감을 없애기 위해서였다. 이런 과정을 통해서 직원과의 벽을 허물고 감사실에서 강조하는 일들이 회사 전체에 얼마나 중요한지를 수용하게 하는 것이다. 이렇게 소통 채널이 열리게 되니 직원들이 자신들의 행동과 결정이 규정에 위배되는지 아닌지를 먼저 감사실에 문의하게 된다. 즉, 감사인을 두려워하는 피감사인이 아니라 감사실과 함께 문제의 해결자로 나서게 된 것이다.

친절한 감사씨와 화상(畵像) 감사

국내의 본사에 근무하는 직원과는 면대면(面對面) 소통을 통해 예방적 감사활동을 전개할 수 있었다. 하지만 전 세계에 파견되어 있는 직원들과는 어떻게 소통할 것인가.

전 세계에 해외지사 100여개. 한 번 파견근무에 3~4년. 2년 임기의 상임감사 입장에서는 이들과 해외 감사 출장 때를 제외하고는 얼굴 한 번 보기 힘들다. 과연 어떻게 이들에게 국내 직원들만큼의 감각으로 조직의 청렴성을 유지하도록 할 것인가. 코트라의 상임감사만이 안고 있는 커다란 고민이다.

그래서 고안해 낸 것이 코트라 내부에 설치된 인트라넷을 통해 모든 직원들에게 내가 직접 작성한 메일을 보내는 것이었다. 제목은 '친절한 감사씨'로 영화 '친절한 금자씨'를 패러디한 제목이었다. 평상시는 항상 웃고 친절하지만 나쁜 행동에 대해서는 무서우리만치 단호할 것이라는 것을 암시했다. 이 메일을 통해 감사실에서는 무엇에 비중을 두고 있는지, 코트라의 청렴 상태는 어떤지, 해외지사의 업무에서 염두에 두어야 할 것이 무엇인지 등 적시에 전달해야 할 내용들을 실었다.

'친절한 감사씨'에 대한 반응은 폭발적이었다. 여기저기서 "감사실이 늘 부담스러운 조직이라는 것을 일거에 무너뜨리는 쾌거", "[친절한 감사씨], 신선한 충격을 느낄 정도"라는 말이 나왔다.

하지만 '친절한 감사씨'만으로는 뭔가 부족한 것 같았다. 코트라만의 감사 수단과 소통 방법을 개발할 수 없을까. 궁하면 통한다고 했던가. 코트라에는 많은 해외지사가 있다 보니 화상으로 대화를 하기 위한 시스템이 잘 갖추어져 있었다. 실제 이명박 대통령이 브라질의 상파울루를 방문했을 때 코트라의 이 시스템을 활용해 화상대화를 한 적도 있었다. '그래. 이거야!'라고 나는 무릎을 쳤다. 바로 이 화상 시스템을 감사에 활용하자는 것이었다. 사실 지금은 코로나19를 거치면서 비대면 화상회의가 안착이 되었지만 그때만 해도 생소했던 시기였다.

해외 감사 대상으로 어느 해외지사가 선정되면 현지 출장감사 3~4개월 전에 미리 예비 화상 감사를 실시했다. 감사출장을 가게 되면 무엇을 중점적으로 보게 될 것인지, 과거 그 해외지사의 감사에서 지적되었던 내용이 무엇인지, 국회 및 감사원에서 공공기관에 요구하는 것이 무엇인지 등을 사전에 전달했다.

그리고 몇 달 후 출장을 통해 현지에 실지 감사를 나간다. 실지 감사에서는 단순히 조직운영에서 나타난 업무와 회계의 문제점만 드러내는데 그치지 않았다. 청렴 및 회계 교육도 동시에 실시했다. 그리고 조직운영의 애로사항을 청취하여 본사에서 반영할 수 있도록 했다.

이렇게 해외 감사를 마치고 돌아와서 다시 한 달 뒤에 화상감사를 재차 실시한다. 지적된 내용들이 어떻게 시정조치가 되고 있는지를 점검하기 위해서였다.

화상감사 모습

이런 절차를 거치면 실제 하나의 해외지사는 화상감사 2회, 실지감사 1회를 받게 된다. 예전 같으면 출장감사 1회로, 감사를 위한 감사로 끝날 일이었지만 화상 시스템을 활용함으로 인해 감사활동의 수준이 높아지게 되었다.

쏠 때는 벌처럼

감사인은 항상 좋을 수는 없다. 일단 문제가 발생하면 일벌백계(一罰百戒)해야 한다. 온정주의로는 문제의 재발을 막을 수 없기 때문이다. 특히 국민의 혈세로 운영되는 정부기관에서 회계와 관련된 사고가 발생할 때는 더더욱 그렇다. 한 사람의 문제로 끝나지 않고 정부기관 전체에 대한 국민의 불신을 초래하기 때문이다.

어느 해외지사에서 직원의 자금 유용 혹은 횡령사건에 관한 정보가 입수되었다. 감사실 회의를 소집했다. 나는 좌고우면(左顧右眄)하지 않고 바로 감사실 베테랑 직원을 다음날 현지로 급파했다. 모든 권한을 부여했다.

사건의 전모는 간단했다. 해외 지사의 자금 관리를 담당하는 직원의 휴가로 인해 그 업무를 대리하게 된 사람이 은행에 가서 위조 서명을 통해 자금을 인출해 사용한 것이다. 그러나 당사자는 극구 부인했다.

하지만 호락호락한 감사실이 아니다. 거래 은행인 시티뱅크의 CCTV 영상자료를 확보하기 위해 미국 본사에까지 서류를 보냈다.

모든 게 사실로 드러났다. 징계 수위를 놓고 감사실에서 몇 번의 회의가 열렸다. '감봉'이라는 낮은 징계부터 강제 퇴직이라는 중징계인 '해임'까지 다양한 의견이 나왔다. 이런 논의가 진행되는 동안 회사 내부에서 다양한 탄원(歎願)이 들어왔다. 대부분 정상참작의 여지가 있는 건의사항이었다.

하지만 나는 가장 높은 수준의 징계를 내렸다. 한마디로 옷을 벗겼다. 왜? 그가 사용한 돈은 국민의 세금이기 때문이다. 어떤 변명으로도 용서 받을 수 없는 것이다. 또한 이런 회계사건에 대해 이런 저런 사정을 봐주면 누가 처벌을 두려워하겠는가.

징계조치가 내려진 후 얼마 지나지 않아 그가 국민권익위원회, 청와대 등에 억울하다는 진정서를 접수했다는 말도 들렸다. 나의 판단이 틀렸다는 내용과 함께. 두 기관이 그 건을 조사했는지 모르지만 그는 또 한 번 잘못된 행동을 한 것이다.

시간이 더 지나고 나니 그 직원의 다른 문제들이 속속 드러났다. 동료 직원들뿐만 아니라 현지의 교포들에게도 돈을 빌려서 갚지 않고 있었다는 것이다. 그 금액만도 상당한 액수라고 알려졌다. 이런 직원을 만일 낮은 징계로 처벌했다면 코트라의 위상은 어떻게 되었겠는가.

국정감사에서 칭찬받은 상임감사

국정감사 때는 국회의원들은 정부기관의 문제점을 신랄하게 질타한다. 그래야 언론에 자신의 이름이 한 줄 더 실리고 존재감을 부각할 수 있다. 또한 그것은 국회의원의 권한이자 의무이기도 하다. 그래서 정부기관은 1년 중 국정감사를 가장 곤혹스럽게 생각한다. 기관장뿐만 아니라 임원들 대부분이 그렇다. 아무리 감추려고 해도 국회의원들은 정말 치밀하게 문제점을 찾아내고 지적한다. 국회의원들의 질의에 대한 답변은 주로 기관장이 한다. 하지만 간간히 감사들을 질책할 경우도 있다. 전문성이 전혀 없는 낙하산 감사일 경우 그 점을 지적할 때가 그렇다. 그리고 정부기관에서 대형 부패사건이 발생할 경우에도 내부 감사를 담당하고 있는 감사를 질책한다. 국정감사에서 상임감사를 칭찬하는 경우란 좀처럼 없다. 그런데 2009년 국정감사장에서 특이한 일이 있었다. 코트라를 감사하던 국회의원이 감사를 칭찬했기 때문이다.

어쨌든 나로서는 기분 좋은 일이다. 열심히 한 만큼의 평가를 받았기 때문이다. 실제로 공공기관의 감사들을 대상으로 하는 직무평가에서 2년 연속으로 A등급을 받았다. 기관장들의 경영평가와 똑같은 방식으로 감사들도 평가를 받는다. 주로 공인회계사나 교수와 같은 전문가들로 평가단이 꾸려진다. 이들이 엄격한 기준을 마련해서 감사들의 직무를 평가해서 서열을 매긴다. 그리고 이 결과에 따라서 상여금이 좌우된다.

국정감사장에서의 칭찬이든, 감사 직무에 대한 정부의 평가이든, 그 결과에 관계없이 나는 정말 코트라에서의 감사 직무에 최선을 다했다. 그리고 그만큼 많은 것을 얻었다. 세계 경제 흐름에 대해서 알게 되었고 우리나라가 어떻게 생존해 나가야하는지도 알게 되었다. 내가 얻은 것은 최고 등급 평가로 인한 상여금이 아니라, 세상을 보는 눈이 더욱 넓어졌다는 점이다.

국정 운영의 컨트롤 타워 청와대로 들어가다

코트라에서 근무하고 있는 동안 나는 정치권과는 완전히 담을 쌓고 있었다. 나에게 주어진 일을 하는 시간도 부족했고 그 일들이 너무나 즐거웠고 보람 있었기 때문이었다. 그런데 정치권은 요동치고 있었다. 2010년 6. 27 지방선거에서 한나라당이 참패한 것이다. 그리고 당정청의 일대 쇄신론이 고조되었다.

청와대도 새로운 변화를 시도했다. '친서민' 정책을 강화하고 '소통'을 극대화시키기 위해 노력했다. 그런 과정에 국민과의 소통을 강화하고 사회갈등을 예방/치유할 '사회통합수석실'이 신설되었다. 그리고 모든 정책을 서민적 시각에서 진단하고 정책을 구체화시키기 위해 '서민정책비서관'이라는 직책도 만들어지게 되었다.

문제는 제도적 틀이 아니라 사람이다. 아무리 좋은 시스템을 갖추어도 부적합한 사람이 맡으면 효과는 나타나지 않는 법이다. 청와대 조직개편안의 윤곽이 나오자 본격적으로 언론에서 인물 하마평이 나오기 시작했다.

이 과정에 나의 이름도 언론에 거명되기 시작했다. 코트라 감사 임기가 만료되는 2년차에 가까워 왔기에 또 새로운 경험을 할 수 있는 좋은 기회가 왔다고 생각했다.

정무비서관? 시민사회비서관?

언론의 하마평에 이름은 매번 빠지지 않고 나왔다. 주로 '정무비서관'으로 거론되었다. 정무비서관직이 주로 의회와 정당 등 정치영역을 담당하는 직무를 맡다보니 국회의원 출신인 나에게 적합하다고 보았을 것이다.

그런데 언론에서만 요란을 떨었을 뿐 정작 청와대로부터 연락은 없었다. 청와대 인사 발표 시점까지도 연락이 없었다. 원래 그런가보다 생각했다. 그러다 코트라 감사업무 때문에 외근 중인데 직원으로부터 전화를 받았다. 청와대에서 인사 발표를 했는데 신설된 ' 사회통합수석실' 산하의 '시민사회비서관'으로 발탁이 되었다고...

시민사회비서관? 정무비서관이 아니고 왜?

곰곰이 생각해 보았다. 그런데 뭐든지 잘 수용하는 내 성격 탓인지 몰라도 오히려 더 적합한 옷이라는 생각이 들었다. 이 업무도 정무적이다. 오히려 정치권보다 훨씬 더 넓은 시민사회를 대상으로 하는 중요한 업무라고 생각했다. 특히 이명박 정부에 대해서 시민사회는 소통의 의지와 능력이 부재한 정권이라는 인식이 강한만큼 그 취약점을 담당한다는 점에 있어서 어느 부서보다 가치가 있다고 생각했다.

나는 총학생회장 출신이다. 그리고 나와 비슷한 세대의 사람들이 진보진영 혹은 보수진영의 시민단체 핵심 실무자들이었다. 균형감을 갖고 이들을 만날 수 있는 조건을 갖추고 있었다. 아마 이명박 정부 안에 나와 비슷한 경력을 가진 사람들은 많지 않았으리라. 그래서 시민사회비서관으로 발탁된 것이 아닌가 생각되었다.

소통을 위해서라면 폭탄주도 불사한다

청와대 업무 시작과 함께 가장 힘들었던 것은 잠과의 전쟁이었다. 매일 아침 7시 30분에 첫 회의가 시작되었다. 7시 전에 출근했고 적어도 5시 30분 정도에는 일어나야 했다. 그런데 정권초기의 청와대는 이보다 1시간 더 빨랐다고 한다. 투덜거릴 처지가 아니었다. 사실 나에게는 저녁시간이 더 문제였다. 내가 하는 일은 주로 보수와 진보 등 이념적 색채가 농후한 단체들이나, 국정현안과 밀접한 관련이 있는 단체들과의 소통을 책임지는 일이었다. 촛불시위 이후 현 정부와 이들 단체들간에는 불신의 장벽이 너무나 높아 대부분의 시민단체들이 청와대 혹은 정부와의 소통에 기대도 하지 않았다. 이를 극복하기 위해서는 인간적인 교류부터 시작하지 않을 수 없었다. 그냥 점심 때 식사 한 번이나 커피숍에서 차 한 잔 마신다고 신뢰감이 생길 턱이 없었다. 닫힌 마음을 열기 위해서는 업무는 제쳐두고 사람 사는 얘기부터 해야 했다.

진보단체와 보수단체의 실무자들과 번갈아 가며 저녁을 겸한 술자리를 가졌다. 막걸리만으로 마칠 때도 있었지만 '소폭' 폭탄주가 주로 등장했다. 새벽 3시까지 갈 때도 있었다. 토요일과 일요일을 제외하고 5일 동안 마신 주도 있었다. 그렇게 3개월 정도 흐르고 나니 어느 정도 주요 단체의 실무자들과는 편하게 대할 수 있는 사이가 되었다. 덕분에 이 3개월은 나에게 참으로 힘든 시간이었다. 새벽형 인간으로 갑자기 전환된 것도 힘든데다 늦은 시간까지 이어진 술자리 때문이었다.

비판자도 정부의 고객이다

시민사회비서관으로 일을 시작한지 얼마 되지 않았을 때 '참여연대' 후원회 행사가 있었다. 초청장이 정식으로 왔다. 수석님과 상의한 후 후원회 행사에 참석해 후원금도 냈다. 정부에 비판적인 입장이라고 하더라도 시민사회 전체가 고객이다. 정부에 우호적인 단체와만 소통할 수는 없는 법이다. 그런데 한겨레신문에서 청와대 비서관의 참여연대 후원회 행사 참여를 미담사례로 기사화했다. 문제는 이를 본 보수단체들이 불만을 토로해 온 것이다.

"어떻게 친북단체의 후원회 행사에 참석하고 후원금까지 전달 할 수 있는가?"

한국사회가 얼마나 좌우 이념대립이 심각한지를 단적으로 드러내는 사례이다. 적어도 나는 작은 소리는 크게 들으려고 노력했고, 반대의 목소리를 찬성의 목소리보다 더 소중히 여기려고 했다. 이것이 소통의 기본이라 생각했다.

G20 서울 정상회의 날짜가 가까워지고 있었다. 미국발 금융위기를 가장 먼저 극복한 한국의 리더십을 인정해서 개최되는 정상회의였다. 그리고 서울 정상회의를 통해 새로운 국제경제 질서가 논의되는 중요한 회의였다. 정부로서는 성공적 개최에 심혈을 기울였고 시위대로 인해 소란을 겪지 않을까 염려가 많았다. 캐나다 밴쿠버에서 개최된 G20 정상회의 때는 상가가 불타는 등 시위대로 인해 엄청난 혼란을 겪었기 때문이다.

G20 정상회의가 자본가들의 이익만 대변한다는 시각을 가진 시민단체들이 주축이 되어 'G20 민중회의'를 구성했다. 민노총, 전교조, 참여연대를 비롯한 진보시각을 가진 대부분의 단체들이 망라되어 있었다. 만일 이들이 거리에서 폭력시위를 하게 되면 G20 정상회의는 캐나다 밴쿠버 꼴이 될 가능성이 높았다.

나는 'G20 민중회의'의 핵심실무자와 핫라인을 개설하여 수시로 만나 논의를 했다. 생각보다 합리적으로 대화가 되었다. 우선 그들의 요구사항을 들어보았다. 첫째는 시민사회의 목소리를 전달하기 위해 'G20 민중회의'와 정부측의 'G20준비위원회'가 함께 정상회의 주요 의제에 대해 토론할 수 있는 기회를 달라는 것이었다. 두 번째로는 정상회의 당일날 시민단체들의 주장을 표현할 수 있도록 집회와 거리행진을 허용해 달라는 것이었다. 이 내용을 사회통합수석실에서 논의했다. 긍정적으로 수용했다. 그리고 'G20 준비위'와 경찰당국에도 이 의사를 전해 수용토록 했다. 그 결과 G20 정상회의는 거리에서 아무런 소란도 없이 무사히 잘 마칠 수 있게 되었다.

경직된 관료사회가 시민사회와의 소통을 가로막는다

하지만 G20 정상회의가 무사히 마치기까지 순탄했던 것만은 아니었다. 서울 정상회의가 개최되기 한주 전에 2박 3일간의 일정으로 'G20 민중회의'가 개최하는 '국제회의'가 예정되어 있었다. 전 세계의 NGO가 참석해 인권, 환경, 금융 등 각 분야별 의제에 대해 토론을 하는 것이다. 장소도 서울의 모 대학으로 허가까지 나 있었고, 초청된 해외 인사들도 속속 들어오고 있었다.

그런데 갑자기 핫라인을 갖고 있던 시민단체의 실무자로부터 연락이 왔다.

"정부가 이렇게 나오면 우리가 거리로 나가지 않을 수 없습니다.", "그게 무슨 말입니까? 자세히 얘기부터 해 보시죠."

"우리가 국제회의장으로 허가받은 대학에 경찰이 갑자기 병력을 배치하겠다고 하니 학교측이 놀라서 회의장 사용을 취소해버렸습니다."

자칫하면 절대 발생해서는 안 되는 우려할 만한 상황의 전조가 보였다. 나는 우선 청와대 치안비서관에게 전화를 해 경찰병력을 배치하지 않도록 해 달라고 부탁을 했다. 그 결과에 대해서는 책임을 지겠다고 덧붙였다.

다음으로 학교당국을 설득해야 했다. 바로 그 대학의 총장실로 전화를 했다. 여비서가 받았다. 나는 신분과 용건을 간단히 밝히고 총장과의 통화를 원했다. 한참 후에 총장과 연결되었다.

"누구시라고요?"

"청와대 시민사회비서관입니다. 이성권이라고 합니다."

"진짜 청와대 비서관 맞습니까? 그렇다면 비서관님 이력에 대해 간단히 설명 좀 해주시죠."

참으로 황당했다. 하지만 사정은 이쪽이 급하니 하나씩 이력을 말했다.

"맞네요. 맞네요."

인터넷으로 내 이력을 보면서 확인하고 있는 듯한 느낌이었다. 나는 차분하게 설명을 했다.

"정부가 심혈을 기울이고 있는 G20 정상회의 기간 동안 만에 하나라도 과격폭력시위가 발생하면 안 됩니다. 국가적인 관리 능력의 문제부터 시작해 시민사회와의 소통능력에까지 국제적인 불신을 받게 됩니다. 총장님의 판단이 아주 중요합니다. 경찰당국의 병력 배치는 안하게 되었습니다. 그리고 시민단체 역시 순수하게 회의만 하겠다고 하니 학교 회의장 사용을 허락해 주셨으면 합니다."

하지만 총장님은 장소 사용을 허가해 줄 수 없다는 입장을 고수했다. 다급해진 나는 직접 찾아뵙고 설명을 드리겠다고 전화를 끊었다. 그 길로 택시를 잡아타고 곧바로 총장실로 향했다. 30분간의 대화 끝에 제3의 시설 사용을 허가받았다.

하지만 이것만으로는 불안했다. 시민단체가 장소에 대한 불만을 가질 수 있었기 때문이었다. 나는 그 핫라인의 실무자에게 전화를 걸어 학교측과 원만히 합의했으니 장소를 직접 보러 오라고 했다. 함께 그 장소를 둘러보았다. 그 실무자는 장소는 좁지만 어느 정도 만족했다. 이렇게 해서 폭발 직전까지 갔던 지뢰가 제거되었다. 그리고 국내외 시민단체들이 함께한 'G20 국제회의'는 아무런 탈 없이 진행되었다.

하지만 '옥의 티'처럼 안타까운 일도 있었다. 필리핀의 NGO 활동가 '폴 킨토스'라는 사람이 입국 거부당해 강제출국을 당한 사건이다. 이 사람은 'G20 공동회의'가 주최한 국제회의에 참석하기 위해 비자를 발급받고 인천공항까지 들어왔다가 입국 거부자 명단에 포함되어 강제로 출국을 당했다. 하지만 문제는 이 활동가가 바로 몇 달 전에 정부 초청으로 입국한 사실이 있다는 점이다. 유일한 차이점이라면 이번에는 시민단체의 초청으로 비자를 발급받고 들어오려 했다는 점이다.

나는 새벽 1시에 핫라인의 시민단체 실무자로부터 전화를 받고 백

방으로 뛰었다. 그러나 역부족이었다. 3개의 부처가 관련이 있었다. 모두들 자신의 일이 아닌 것처럼 행동했다. 더욱이 왜 '폴 킨토스'라는 사람이 입국 거부자로 판단되었는지도 제대로 설명되지 않았다. 좀 더 행정부가 유연한 생각과 결단을 했더라면 시민사회와의 소통도 원활해질 수 있었는데 너무 아쉬웠다. 결국 관료사회 특유의 소극적이고 방어적인 자세와 부처간 책임전가로 인해 시민사회로부터 불신을 받게 되는 것이다. 진보든 보수든, 국민으로부터 신뢰받는 정부가 되기 위해서는 관료사회의 쇄신 없이는 불가능하다는 것을 절감한 경험이었다.

이제 거버넌스를 진지하게 생각해야 할 때다

국가가 모든 것을 다 하는 시대는 지났다. 국가 재정 면에서도 모든 것을 감당하기 힘들 뿐 아니라, 정보통신의 발달과 세계화의 진전으로 인해 민간 영역의 전문성이 공공영역보다 더 뛰어난 부분도 있기 때문이다. 이런 상황에서 국가가 모든 것을 하겠다고 붙잡고 있는 것은 사회발전을 가로막는 행위이다. 그래서 '민관협치(거버넌스)'가 세계적인 대세가 되었고 이것은 보수든 진보든 정권의 성격과 무관하게 정권의 승패를 좌우할 만큼 중요한 문제이다.

이명박 정부의 '민관협치(民官協治)'. 작은 정부를 지향하는 만큼 많은 기능을 민간에 넘겨주어야 한다. 하지만, 정권 초기 쇠고기 파동으로 인한 촛불시위에 이어 세종시 이전과 4대강 살리기 사업 등 주요 국정현안에 있어서 비판적 시민사회와 대립하게 되었다. 그래서 정신적/심리적 '트라우마'가 생성되었다. 또한 조직과 예산, 기능을 늘리려고만 하는 관료사회의 관성도 깨지지 않았다. 그런 탓에 이명박 정부의 민관협치(民官協治) 역시 역대 정권의 '협치(狹治)'에서 나아가지 못했다.

하지만 청와대 내에 '사회통합수석실'이 생기고 난 후부터는 '민관협치'에 역점을 두었다. 임기 후반으로 접어들었기 때문에 우리의 마음은 더욱 급했다. '협치'의 가장 핵심은 관료사회의 인식 전환이었다. 그래서 청와대, 총리실, 특임장관실, 18개 부처의 시민단체와 가장 밀접한 업무를 하는 국/과장이 참여하는 '민관 파트너십 고양을 위한 관계관 회의'를 열었다. 끝장 토론이 벌어졌다. 시민 없는 시민단체와 파트너십을 맺기에는 어려움이 많다는 견해에서부터 관료가 먼저 바뀌어야 한다는 견해에 이르기까지 정말 허심탄회한 토론이었다.

몇 가지의 방향을 설정했다. 우선 시민사회와 소통을 강화할 필요성이 대두되었다. 그래서 주요 NGO의 사무총장급 실무자와 부처 관계관과의 1박2일 워크숍을 가지기로 했다. 직접 만나서 소통하자는 취지였다. 다음으로 시민사회와 소통과 협력을 위해 현행 민간단체에 대한 지원체계를 진단하고 장단기 개선 과제를 만들기로 했다. 이를 위해서 연구용역을 발주하기로 했다. 그로부터 2달 후 '민관 파트너십 강화를 위한 워크숍'이 1박2일로 개최되었다. 각 부처 국/과장 48명, NGO 사무총장급 52명과 청와대, 총리실, 특임장관실의 담당자들이 참여하였다. 이명박 정부 들어서 처음 있는 일이었다. 이 행사를 성사시키기 위해 시민단체 관계자를 만났을 때 어려움이 많았다. 정부와 청와대의 '진정성'에 대한 의구심 때문이었다. "이제 와서 왜?" "들러리가 아닌가." "내년 총선을 의식한 정치적인 쇼 아닌가."

하지만 '민관협치'에 대한 우리의 인식을 차분히 전달했다. 결국 정치성향과 이념적 성향이 강한 단체를 제외하고는 거의 대부분 공감하고 적극적인 참여를 했다. 그렇게 해서 1박2일간의 워크숍도 성과 있게 마쳤다. 이명박 정부에서는 '민관협치' 첫걸음을 임기 후반기에 시작했던 것이다.

하지만 내가 청와대 시민사회비서관 업무를 마치고 13년이 경과한 지금, 역대 정권의 대통령실이 과연 민관협치를 통해 한국사회 갈등을 예방하고 치유하려는 노력을 제대로 했는지, 그리고 그만큼의 실적을 거두었는지 회고해 보면 전혀 그렇지 못했다고 평가할 수 밖에 없다.

이명박 정부도 많은 문제를 안고 있었지만, 그 이후의 정권도 자신의 이념적 성향에 맞는 우호적인 단체는 육성하고 그렇지 못한 단체는 등한시하는 패턴에서 벗어나지 못하고 있다. 그러다보니 시민사회를 대표한다고 하는 시민단체들도 정권의 홍위병이 되고, 선거 때만 되면 이리 몰리고 저리 몰리는 현상이 더욱 극심해지고 있다.

문제의 해법은 권력자의 권력 분산에 대한 의지이다.

외교는 서비스다

갑작스런 청와대의 제안
구치소 같던 영사관을 카페처럼 바꾸다
민간기업의 영업맨이 된 외교관
한국의 토크 콘서트를 수출하다
일본대학에서 일본을 비판하다
베스트 공관장에 선정되다

외교는 서비스다

갑작스런 청와대의 제안

청와대 근무를 마치고 잠깐의 공백기가 있을 시기가 있었다.

그렇게 잠시 동안의 공백기를 보내고 있을 무렵, 청와대에서 연락이 왔다. '지금까지 경력 중에 일본과의 관련성이 많으니까 일본에 가서 외교관 활동을 해보는 것이 어떻겠느냐?' 라는 제안이었다.

갑작스런 제안에 나는 약간 당황스럽기도 했다. 무엇보다 대통령의 임기도 얼마 남지 않은 상황이었고, 다시 일본에 들어가서 활동한다는 것은 전혀 고려해보지 않고있던 상황이었다.

그러나 나에 대한 청와대의 구상과 제안은 생각보다 훨씬 구체적이었다. "일본지역에는 1개 대사관과 10개의 총영사관이 있는데, 그 중 1곳의 총영사로 나가서 일을 하는 것이 어떻겠느냐?"라는 제안이었다.

곰곰이 생각해보니 반가운 제안이 아닐 수 없었다. 무엇보다 기쁘고 감사했던 것은 '공적인 영역에서 다시 신명을 다해 일할 수 있는 길이 열렸다.'는 사실이었다. 결국 나는 기쁜 마음으로 '주고베총 총영사'로 나가라는 제안을 받아들였다.

나의 경력은 일본과 연관이 많았다. 박관용 국회의원 비서관을 마치고 나이와 경제적인 여건 등 여러가지 어려운 조건에도 불구하고 일본으로 유학을 결심했다. 그리고 변변한 유학자금도 없이 와세다 대학원에서 국제정치를 전공하고, 내 발로 일본 국회의원을 찾아가 2년 동안 일본정치의 중심에서 실무를 쌓기도 했다. 그 시절 나는 한국과 일본 국회의원간의 연결 역할을 많이 했다.

특히, 17대 국회의원 시절에는 한일의원연맹의 21세기 분과위원회 한국쪽 부위원장을 맡기도 했다. 18대 국회의원을 마치고 근무했던 코트라 시절의 경험도 결국은 통상외교의 경험이었다.

이 모든 경력들이 일본에서 일하는 외교관으로서 충분한 경험과 자질을 입증한 것이 아니냐? 라는 판단이 청와대와 외교부에서 있었다. 무엇보다 나 스스로도 '외교관으로서의 역할을 다 할 수 있을 것 같다!'는 판단이 들었다. 그간 내가 걸어온 길은 입법, 행정, 외교, 통상의 분야에 걸쳐 다양한 경험을 축적해온 길이었다. 어찌 보면 개인적으로는 행운이라고 할 만큼, 공적인 영역에서 남들이 쉽게 경험할 수 없는 다양한 경력을 쌓아온 것이다.

'외교관으로 다시 일본에 나가 볼 생각이 없느냐?'는 제안을 받으면서 새옹지마 같은 인생의 굴곡에 대해 생각해보지 않을 수 없었다.

꾸준히 노력하기만 한다면, 인생이란 중간중간 부딪힐 수밖에 없는 삶의 고비를 이겨나가며 언젠가는 반드시 꽃을 피운다는 생각이 들었다. 소중히 뿌려놓은 삶의 씨앗은 설사 추운 겨울을 만나 움츠러드는 한이 있다 하더라도 언젠가는 반드시 싹을 틔우고야 만다는 진리를 절감한 것이다. 스스로 실망하지 않고, 남을 탓하지 않고 꾸준히 앞을 보고 살아간다면 새로운 삶의 기회는 계속 온다는 생각이 들었다.

물론 외교관의 길을 택하는 것이 쉬운 결단은 아니었다. 특히 한일관계가 악화된 상황에서 일본에서 외교관 업무를 수행한다는 것은 여간 어려운 일이 아니었다. 독도문제, 위안부 문제, 역사교과서 문제, 야스쿠니신사 참배 문제 등 한일관계는 지뢰밭과 같은 상황이었다. 또한 일본의 우경화로 인해 점점 공격 대상이 되고 있는 동포들의 권익을 옹호하는 활동도 치밀하게 해야 한다. 한편 이러한 갈등현안 속에서도 경제적인 면에서는 협력해가면서 실리를 찾아야 하는 등, 우리 외교에 있어서 가장 까다롭고 어려운 나라가 일본이기 때문에 어깨가 무거웠다.

무엇보다 외교부 출신 외교관 보다 더 열심히 일하고, 더 많은 성과를 남겨한다는 부담감이 내 가슴을 무겁게 했다. 그렇게 일찍이 경험해 보지 못한 새로운 영역에 대한 기대와 부담을 안고, 나는 고베 총영사관으로 향하는 비행기에 몸을 실었다.

구치소 같던 영사관을 카페처럼 바꾸다

고베 총영사로 부임하자마자 제일 먼저 신경을 썼던 것은 총영사관이라는 재외공관이 지금까지 해 온 업무에 대한 나름의 분석이었다.

나는 17대 국회의원 시절 통일외교통상위에서 상임위 활동을 한 일이 있었기 때문에 재외공관의 업무에 대해서는 전부터 비교적 상세히 알고 있던 편이었다. 입법부의 입장에서 업무 분석을 충분히 해 놓았기 때문에 공관업무에 대해서는 이미 상당한 이해도를 가지고 부임 했던 것이다.

총영사관의 업무를 간단히 말하자면, 관할지역의 재외국민의 재산과 생명을 보호하고 그들에게 보다 나은 행정서비스를 제공하는 것이다. 고베 총영사관이 관할하는 지역이 5개의 현에 재외국민이 6만명 조금 넘는다. 그 6만명의 목소리를 총영사관이 하나씩 반영해서 그에 맞는 맞춤형 영사서비스를 제공하는 것이 나의 임무였다.

재외국민의 작은 목소리를 크게 듣다

그러나 고베 총영사관에 부임해 그전까지의 업무를 하나씩 분석해보니, 장점도 많았지만, 한계도 많이 보였다. 일단 가장 큰 특징은 수동적이고 방어적인 업무 스타일이었다. 즉, 민원서비스를 요청하는 민원인들에 대한 응대와 동포단체들의 행사에 참석하고 격려하는 정해진 일상적 업무의 틀에서 벗어나지 않았던 것이다. 나는 이러한 일상화된 틀에서 벗어나고 싶었다.

'국가가 국민 위에 군림하던 시대가 종결된 이상, 국가 기관은 국민 속으로 들어가야 한다. 앉아서 국민을 맞이하는 것이 아니라, 직접 발품을 팔아서 국민의 생활 속으로 찾아가야 한다.'는 것이 나의 생각이다.

비록 고베총영사관이라는 하나의 공관이지만 나는 평소의 소신을 실현해보고 싶었다. 적극적으로 국민의 목소리를 듣는, 이른바 〈찾아가는 행정 시스템〉을 구축하고자 한 것이다. 그 노력의 하나로 만들어진 것이 〈영사 옴부즈만 회의〉의 신설이었다.

소통의 본질은 무엇일까? 작은 목소리를 크게 듣고, 반대의 목소리를 찬성의 목소리보다 더 소중히 대하는 자세가 소통의 본질적 자세다. 〈영사 옴브즈만〉제도는 이러한 소통의 마음자세를 재외공관의 철학이자 방법으로 생각하고 만들었다. 재외국민들을 대표한 옴브즈만들을 위촉하고, 옴브즈만과 영사관이 정기적인 회의를 통해 지속적으로 영사서비스의 개선작업 을 추진한 것이다.

나는 〈영사 옴브즈만〉 제도를 도입하기 위해 먼저 공관의 직원들 회의에 안건으로 올렸다. 반응은 제각각이었다. 전적으로 공감을 하는 직원도 있었던 반면, 노골적인 반대는 아니지만 실무적인 준비가 많이 필요하기 때문에 귀찮아하는 듯 한 생각을 가진 이도 있었다. 아마도 속으로는 '이런 제도 안 만들어도 문제없이 총영사관이 잘 돌아가는데 굳이 피곤하게 이런 걸 왜 만들려고 하는지...'라 고 생각한 직원도 있었으리라. 어쨌든 진지한 토론을 거쳐서 〈영사 옴부즈만〉 제도를 추진하기로 하여 2013년 9월에 첫 회의가 개최되었다.

옴부즈만 위원은 동포사회 구석구석의 목소리를 듣기 위해 동포들의 특성을 최대한 반영하여 위촉했다. 5개 관할지역별로 골고루 안배했고, 남녀 성별 및 연령에 대한 고려도 반영했다. 민단과 같은 동포단체 뿐만 아니라 유학 온 학생들의 의견을 반영하기 위해 유학생회 대표를 포함시킨 것은 물론, 법조인, 교수와 같은 전문가도 참여시켰다. 전체적으로는 구정주자와 신정주자가 골고루 포함되어 동포사회의 작은 목소리도 놓치지 않도록 인적 구성을 완성했다.

이렇게 출범한 〈영사옴브즈만 회의〉는 재외국민과 총영사관 사이에 마련된 일상적 소통기구였다. 이 기구를 통해 총영사관은 동포들에게 양질의 서비스를 제공할 수 있도록 끊임없이 자신을 점검하고 혁신할 수 있었다. 이 회의를 신설한 덕에 동포들에게 호평을 받았음은 물론, 외교부 안팎으로부터도 성공적 사업이라는 평가를 받았다.

영사옴브즈만 회의

동포들에게 호평을 받다

〈영사옴브즈만 회의〉의 첫째 목표는 기존 영사서비스에 대한 동포들의 평가, 개선방향 혹은 개선 사항 등을 담아내는 것이고, 둘째 목표는 총영사관이 생각하지 못한 새로운 동포들의 요구사항을 찾아내는 것이었다.

이 두 가지의 중심 목표를 갖고 움직인 영사옴부즈만 회의는 여러 가지 성과를 일궈냈다. 그중 가장 대표적인 성과는 영사관 민원실을 다시 디자인한 것이었다.

외교부에 대한 국민의 불만 중에 제일 큰 것은 아마도 '재외공관의 문턱이 높다'는 점일 것이다. 종종 대사관이나 총영사관에서 일하는 직원들이 불친절하다는 얘기가 언론에 소개되는 일이 있기도 하다. 이러한 보도는 전체 외교부의 이미지에 악영향을 미치게 되고, 이것이 정부에 대한 불신으로 이어지기도 한다.

이 문제를 해결하기 위해 옴부즈만 회의에서 제안되고 실행된 것이 총영사관 민원창구의 환경개선 사업이었다.

영사관은 쉽게 말해 우리나라의 구청이나 동사무소에서 하는 역할을 해외에서 하는 곳이라고 보면 된다. 국민이 출생이나 결혼을 하면, 동사무소에 가서 신고를 하듯이 영사관은 재외국민의 출생 신고, 사망신고, 여권발급 등 동포들의 일상생활에 관련된 서류발급 등 행정업무를 담당하는 곳이다. 그러다보니, 민원인인 우리 해외동포들이 가장 일상적으로 접촉하는 국가기관이 바로 총영사관이다.

그럼에도 불구하고 일반적으로 재외공관은 그동안 별로 친절하지 못했던 것이 사실이다. "재외공관의 문턱이 높다. 권위적이고 불친절하다!"라는 평가가 항상 꼬리표처럼 재외공관에 따라 붙었다. 재외공관에 근무하는 직원들은 억울하겠지만, 실제 국민들이 느끼는 체감 온도는 다른 것이다.

나는 적어도 내가 관할하는 총영사관에서 만큼은 이런 평가를 듣고 싶지 않았다. 재외공관에 찾아 온 국민들이 정부에 대한 푸근함과

따뜻함을 느낄 수 있도록 해줘야 하는 것이 내 역할이라고 생각 했다. "총영사관에 가보니 달라졌다. 친절하다. 가면 편안하다!"는 평가를 받고 싶었다.

여기가 경찰서도 아닌데...

첫 번째 눈에 들어온 문제는 총영사관의 민원 창구가 너무 삭막하다는 점이었다. 나는 고베총영사관에 처음 부임했을 때 깜짝 놀라고 말았다. 민원인들이 출입하는 공간에 전면 유리 차단벽이 설치되어 마치 경찰서나 구치소에서 범죄자들이 면회객을 맞는 장소처럼, 창문 너머로 대화 할 수 있는 작은 유리 구멍만 뚫려있었기 때문이었다.

'여기가 경찰서도 아니고 구치소도 아닌데...' 절로 그런 생각이 먼저 들었다.

'총영사관은 재외국민들에게 공공서비스를 창출하는 기관인데 이렇게 삭막해서는 안 된다.' 라는 생각이 들었다. 아무래도 영사관의 고압적 분위기를 만들고 있는 전면 유리 차단벽을 철거해야겠다는 판단이 들었다. 그러나 전면유리벽 철거작업이 처음부터 순조로웠던 것은 아니었다. 제일 먼저 부딪힌 문제는 영사관 내부, 즉 직원들의 이견(異見)이었다.

"지금까지 우리나라 재외공관들은 다 이런 구조로 운영되어 왔습니다. 다른 곳은 안 없애는데 왜 우리만 없애야 하는 겁니까!"라는 의견이었다.

직원들의 의견에도 일리가 있었다. 종종 민원인들 중에는 행패를 부리는 사람들이 있었기 때문이었다. 실제 어떤 민원인이 영사관의 행정에 불만을 품고 음료가 든 종이컵을 집어던진 적이 있었다고 한다. "영사관에서 다루는 서류들이 국민의 개인정보가 담긴 중요한 공적 서류가 많은데 개방적인 구조로 개편할 경우 자칫 일부 민원인들이 문서 탈취 같은 우발적 행동을 할 수도 있다."는 반대논리도 제기 되었다. 귀담아 들을 만한 문제제기였다.

나는 생각 끝에 이 문제를 〈영사 옴브즈만 회의〉의 안건으로 붙였다. 반응은 예상했던 대로였다. 동포들은 권위적이고 고압적인 유리 차단벽을 없앴으면 좋겠다고 했다.

그런데 나는 영사 옴부즈만들의 의견과 직원들의 의견 둘 다 맞다고 생각했다. 영사 옴부즈만들은 총영사관이라는 재외공관이 보다 민원인들에게 친근하게 느껴져야 한다는 방향성을 얘기한 것이고, 직원들은 개인정보 등 공적인 서류들을 어떻게 지킬 것인가라는 현실적인 측면을 강조하고 있었던 것이다. 이 두 의견을 어떻게 조화시킬 것인가가 과제로 다가온 것이다.

총영사관을 카페처럼..

상당한 논의와 토론 끝에 우리는 타협점을 찾아냈다. 유리벽의 완전 제거는 이루어지지 않았지만, 훨씬 더 개방적이면서도 세련된 형태의 유리막으로 전면 교체 되었다. 창구 중간에 일정한 유리막이 존재하긴 했지만, 나머지 아래와 위쪽 공간은 크게 개방해서 마치 은행 창구처럼 편안한 느낌이 들도록 했다. 영사관 직원들을 보호하기 위한 최소한의 안전장치를 유지하면서도 민원인과 영사관 직원 사이의 의사소통에 전혀 문제가 없고, 차단되어있다거나 권위적이라는 느낌이 전혀 들지 않는 구조로 근본적인 변화를 끌어 낸 것이었다. 결국 양자의 요구를 접목시켜 재외국민과 영사관 직원들이 모두 만족할 수 있는 구조가 되었던 것이다.

위화감을 주던 전면 유리차단벽 철거 외에 민원인들이 대기시간에 앉던 의자도 바꾸었다. 원래 영사관 민원실은 마치 교회에 예배당에서나 볼 수 있는 딱딱하고 긴 나무의자를 벽에 붙여 놓고 있었다. 그 모습을 보면 전반적인 분위기가 경찰서에서 사람들이 대기하는 것처럼 경직되게 보였다.

'이것은 절대 안 되겠다.'는 생각이 들었다. 나는 좁고 불편한 나무의자를 모두 들어내 버렸다. 대신에 편안한 소파로 교체하고 민원인들이 서로 마주보고 대화할 수 있도록 구조도 바꾸었다. 영사관 방

고베 영사관의 밝아진 민원실

문객 중에는 가족이나 친구들끼리 함께 오는 사람들이 많았다. 이들이 영사관에서 대기하는 시간에 서로 얼굴을 보며 담소를 나눌 수 있도록 의자를 바꿔주고 커피와 차 같은 음료도 마음껏 마실 수 있도록 배치했던 것이다.

사람의 마음은 공간의 구조에 따라 크게 좌우된다. 일련의 노력을 통해 총영사관의 분위기는 완전히 바뀌었다. 구치소 대기실 같던 분위기는 한결 밝아져, 마치 카페에 들어간 것처럼 편안함을 느낄 수 있게 되었다.

친절을 시스템화 하다

친절하고 따뜻한 영사관을 만들기 위해 내가 두 번째로 했던 것은 영사관 민원담당 직원들의 민원인을 대하는 자세와 마음가짐의 변화였다.

우리 총영사관의 직원들은 기본적으로 친절하고 인간적인 성격을 소유하고 있었다. 그런 점에서 나는 복 받은 공관장이었다고 생각한다. 하지만, 인간은 누구나 매일 반복되는 업무 속에서 사무적으로 바뀌거나, 불편한 민원인이 오면 불쾌한 표정을 드러내게 되어 있다.

이것을 어떻게 극복할 것인가. 어떻게 하면 찾아오는 민원인들이 우리 민원 창구 직원들을 통해서 유쾌함을 얻고 갈 것인가. 이것이 내 고민이었다. 그렇다고 해서 직원들에게 막무가내로 친절을 강요할 수는 없었다. 그것은 좋은 방법이 될 수 없었다. 나는 조직 운영에 있어서 내부의 '소통'이 중심이 되어야 한다는 확신과 철학을 갖고 있다. 내 지시를 받아서 실행에 옮겨야 하는 직원들의 심리를 배려하지 않으면서 민원인들을 배려하라고 할 수는 없는 것이다.

즉흥적이고 일방적인 지시를 남발하는 방식은 우선 나부터 받아들이기 어려운 리더십이다. 아무리 공관장이 옳다고 믿는 내용이라 해도 그것을 일방적 지시로 처리할 경우, 밑에서는 수동적으로 따르기만 하게 되고, 결국 나중에는 피로도가 높아지게 마련이다. 공관장인 내가 직원들에게 일방적으로 “민원인에게 친절해야 한다!”고 계속 요구한다면 처음엔 받아들이겠지만, 공관장의 개인적 발언과 요구로 계속 반복되면 나중에는 거부감을 느낄 수밖에 없는 것이다.

따라서 나는 ‘공관장의 지시’가 아니라 ‘전문가의 교육’을 통해 문제를 해결해야 한다고 생각했다. 그렇게 해야 친절 서비스의 주체들이 스스로 자기 태도를 변화시켜나갈 수 있다고 판단한 것이 다. ‘동포들이 과연 우리를 어떻게 생각하는지?’에 대한 고민이 일상화 되어야만 직원들이 자기 동력을 갖고 변화에 대응할 수 있기 때문이다.

이런 맥락에서 ‘친절’로 널리 알려진 아시아나항공의 친절교육 강사를 초청해 여러 차례 직원들에게 친절교육을 시키고, 그들의 노하우를 전수 받기위해 노력했다.

모든 문제는 시스템으로 정착시키는 것이 중요하다. 친절을 시스템화하기 위해 전문가를 초빙한 친절교육 외에 자체적인 일상적 친절평가 시스템을 도입했다. 민원인들의 서류처리가 끝난 뒤, 요청한 결과물을 돌려줄 때 직원 친절도에 대한 설문을 받는 방식이었다. 민원인들은 그 자리에서 ‘영사관이 자신에게 얼마나 친절 했는지’ 평가용 설문서를 작성해서 회수함에 넣게 된다. 개인정보를 기록하지 않는 순수한 설문조사이기 때문에 민원인의 솔직한 느낌이 그대로 남겨진다.

이렇게 수집된 설문서는 한 달 단위로 통계로 정리된다. 그리고 이 결과는 매번 〈영사 옴브즈만 회의〉 때 보고되고, 영사관은 민원인들의 건의 속에서 수정해 나갈 부분은 계속 수정해나가는 방식을 취한다. 서비스의 고객이 되는 동포들에게 친절도를 평가하게 만들고 이를 옴브즈만 회의에 보고하게 해서 꾸준히 함께 개선 점을 찾아나가는 피드백을 제도화 한 것이었다.

이것은 공관장의 1회성 지시로 끝날 수도 있는 직원친절 문제를 하나의 친절 시스템으로 구축해 낸 것이라고 할 수 있다. 결국 고베총영사관의 친절도는 꾸준히 향상되었다.

그 결과, 전세계 178개 재외공관을 대상으로 하는 전화 친절도 조사에서 고베총영사관이 2위를 하는 성과를 거두기도 했다. 일본같은 선진국에 주재하는 재외공관에서는 민원인들의 의식수준도 높고, 민원도 매우 복잡하기 때문에 사실상 좋은 평가를 받기가 쉽지 않다는 점에서 고베총영사관의 2위는 매우 값진 2위였다.

이밖에도 〈영사 옴부즈만 회의〉는 많은 일을 했다. 〈지진 대응 매뉴얼〉을 함께 만든 것도 한 가지 성과였다. 총영사로 부임하고 얼마 뒤, 나는 총영사관에 지진 대응 매뉴얼이 없다는 점을 알 게 되었다. 주지하듯이 일본엔 대규모 지진이 많다. 그리고 언제 발생할지 모를 정도로 빈번하다. 그럼에도 불구하고 총영사관에 관련 상황을 대비한 대응 매뉴얼이 없다는 것은 특수상황에서 재외국민들을 보호해야

고베총영사관 친절교육

할 재외공관의 대응체계에 구멍이 있는 것이라고 판단했다.

나는 이 문제를 〈영사 옴브즈만 회의〉에 안건으로 제출했다. 그리고 많은 시간 노력을 기울인 끝에 동포들과 함께 재해발생 대응 매뉴얼을 작성했다. 일방적으로 총영사관이 만들고 동포들은 따로 노는 매뉴얼이 아니라, 민(民)과 관(官)이 함께 만든 매뉴얼이었던 것이다.

민간기업의 영업맨이 된 외교관

총영사로서 역점을 둔 분야 중에 또 한 가지는 경제외교 분야였다. 내가 경제외교를 중시한 배경에는 나의 개인적인 경력이 작용하고 있었다. 나는 국회에 있었을 때 2년 동안 산업자원위원회 활동을 했다. 이기간 동안에 우리나라의 산업 및 통상분야에 대해 많은 공부를 할 수 있었으며, 국회의원을 마친 이후에는 곧바로 우리나라 산업육성과 수출 진흥을 담당하는 코트라(KOTRA)에서 50개에 가까운 나라를 출장 다니며 직접 현장을 발로 누볐다.

이 때문에 나는 고베 총영사관에서도 경제성과를 내야 한다는 생각을 처음부터 갖고 있었다. 그래서 부임하자마자 총영사관 관할지역에 있는 일본 대기업 및 중견 기업들에 대한 분석 작업을 하고, 직접 회사의 공장을 방문한다든지, 기업의 임원들과 네트워크를 구축한다든지 하는 활동을 통해 실질적인 경제외교의 기반 구축 작업에 돌입했다.

특히, 일본은 우리나라 무역수지 적자의 가장 큰 원인을 제공하는 나라이다. 대(對)일본 수출문제는 국가경제와 직결되는 문제였다. 우리나라와 일본의 무역에서 우리가 늘 적자를 보는 이유는 일본의 부품소재 기술력이 뛰어나기 때문이다. 우리나라가 만들어서 수출하는 완제품의 핵심부품들 중에 일본 제품들이 많기 때문에 우리는 수출을 많이 하면 할수록, 일본의 핵심 부품 수입도 같이 늘어 날 수밖에 없는 고질적인 무역적자 구조를 갖고 있다.

이러한 구조적인 문제를 해소하기 위해 나는 처음부터 '무역 역조를 시정하고 흑자를 늘이기 위해서는 일본에서 일하는 외교관의 경제적 역할이 막중하다!' 는 생각을 갖고 있었다.

순간적으로 시장성을 판단하다

재외공관에 나가있는 대사와 총영사를 공관장이라고 한다. 공관장들은 1년에 한 번씩 〈공관장 회의〉를 하기 위해 본국에 들어온다. 1주일간 교육 및 연수를 받으며 국가의 운영방향과 국정과제에 대해 공부도 하고, 토론도 하는 프로그램이다.

2014년 공관장 회의를 위해 귀국했을 때, 프로그램의 하나로 〈수출기업과 공관장의 1대1 상담회〉가 있었다. 해외진출을 시도하는 우리나라의 기업들과 재외공관을 연결 시켜주는 프로그램이었다.

당시 고베 총영사관을 지목한 어느 기업이 있었다. 이 기업은 선박의 블록을 제작하는 기업으로 (주)삼성중공업, ㈜대우조선해양(현, 한화오션) 1차 협력 업체로 꽤 규모가 있고, 상당한 기술력을 보유하고 있었다.

이 기업은 일본 시장을 뚫을 수 있도록 지원을 해달라고 했다. 일본 조선분야 대기업인 (주)가와사키중공업, (주)미쯔비시중공업과 거래를 하고 싶다는 것이었다.

이 기업이 이런 판단을 하게 된 이유는 간단했다. 셰일가스(shale gas)의 채굴에 성공한 미국이 2017년경부터 본격적으로 일본으로 셰일가스를 수출하게 되는데 이때 필요한 LNG선이 100척 가까울 것이라는 분석을 했던 것이다. 이 과정에서 새로이 수많은 LNG선의 발주가 불가피한데 일본에서는 (주)가와사키중공업, (주)미쯔비시중공업이 가장 큰 수혜를 받게 될 것이기 때문에, 그 사업에 참여하고 싶다는 것이었다.

이 기업 관계자와 얘기를 나누면서 나는 '이것은 충분히 가능하고 고베총영사인 내가 할 수 있는 일'이라는 자신감이 들었다. 왜냐하면 총영사로 부임한 이후, 줄곧 관할지 경제계 인맥을 확대해 왔기 때문이었다. 나는 요청을 듣는 시간 내내 마음속으로 지금까지 고베에서 노력해 온 인맥 만들기가 헛되지 않았음을 느끼고 있었다.

낚시도 외교의 수단이다

일본으로 돌아오자마자, 나는 (주)가와사키중공업의 선박해양 분야 사장을 했고, 아직도 고문을 맡고있는 테라사키 마사토시씨에게 연락을 했다. 그는 고베총영사관의 관할지 중의 하나인 효고현의 '일한친선협회'의 회장을 맡고 있었다. 그런 덕분에 나는 부임 하자마자 그와의 인간적 유대관계를 돈독히 만들어 왔었다. 총영사관이 기획하여 추진하는 사업 때마다 그를 예우하여 중요한 역할을 부탁했었으며 수시로 만나서 많은 대화들을 나누었던 사이였다.

그중에 가장 기억에 남아 있는 것이 낚시다. '사람이 재산'이라는 생각을 평소부터 가지고 있던 나는 남들이 하지 않는 다른 방식으로 그와 친해지고 싶었다. 그게 낚시였다. 나는 경상남도 남해라는 섬출신으로 걸음마를 할 때부터 낚시를 했다고 해도 과언이 아니다. 그러다 보니 낚시대를 통해서 전해져 오는 물고기의 미세한 입질도 손으로 감지해낼 줄 안다. 하지만, 중학교 졸업 후 고베총영사로 부임하기 전까지 한 번도 낚시를 다녀본 적이 없었다. 하지만, 부임 후, 낚시를 좋아하는 재일동포 덕분에 몇 번 나간일이 있을 뿐이었다.

그 시점에서 내가 착안했던 것은 바로 '낚시'였다. 흔들리는 배 위에서 함께 7시간의 시간을 보내며, 누가 많은 물고기를 잡는지, 누가 더 큰 물고기를 잡는지 승부도 하고, 수많은 대화를 나눌 수 있었다. 요즘 한창 한국에서 인기를 끌었던 방송 프로인 '도시어부'를 상상하면 되리라...

비오는 날 갈치 낚시를 가기도 했고, 밤 7시에 출항을 해서 새벽 2시에 돌아오는 밤낚시를 가기도 했다. 이렇게 함께 한 시간이 그냥 식당에서 고급 요리를 시켜놓고 하는 대화와 차원이 같을 수가 있겠는가. 그야말로 인간적인 신뢰감과 동질감을 공유하게 되는 것이다. 이런 과정을 통해서 형성된 유대관계가 이제 빛을 발휘해야 할 때가 온 것이다.

테라사키 회장을 만난 나는 있는 그대로 한국 기업의 요청사항을 전달하고, 이것은 (주)가와사키중공업에도 이익이 됨을 강조했다. 그리고 양 기업간의 상담회를 주선해 주길 요청했다. 테라사키 회장으로부터 흔쾌히 도와주겠다는 대답이 돌아왔다.

2014년 10월 17일. 가와사키중공업 고베 본사에서 가와사키 중공업과 한국 기업과의 미팅이 이루어졌다. 한국에서는 부사장과 관계자들이 건너왔다. 그들은 일본에 도착하자마자 깜짝 놀랄 수 밖에 없었다. 가와사키중공업 쪽에서 나온 일본 측 관계자들이 어지간해서는 만날 수 없었던 최고위급 임원들이었기 때문이었다. 선박해양 분야 사장을 비롯해서 조달부 책임자, 조선소 공장장까지 의사결정이 가능한 라인 전체가 100% 세팅 되었던 것이다. 그동안 이 한국기업에서 영업을 다닐 때는 대개 과장이나 부장급에서 나와 설명을 듣는 경우가 대부분이었는데 이번에는 고위급 라인이 모두 동원되어 있었던 것이다.

물론 중간에 잠시 우여곡절을 겪기도 했다. 일본 측과의 미팅이 잡혔으니 준비를 잘 해오라고 전달을 했지만 막상 한국 측 방문단을 미

(주)가와사키중공업의 선박해양 분야 사장을 역임했고, 효고현의 '일한친선협회'의 회장을 맡고 있는 테라사키 마사토시씨와 함께.

리 만나 준비상황을 확인해 보니 '통역'이 준비가 안 되어 있었던 것이다. 미팅을 불과 몇 시간 남기지 않은 상태에서 중대한 문제가 발견된 것이었다. 나는 부랴부랴 우리 직원 중에 일본어를 제일 잘하는 사람을 급히 투입했다. 그렇게 순간적으로 위기를 모면하기도 했다.

어쨌든 그날의 미팅은 매우 성공적이었다.

이 한국기업 측에서는 우리 영사관의 활동에 큰 감명을 받았다. "지금까지 해외시장 개척을 위해 많은 재외공관과 접촉을 해봤지만, 고베 총영사관처럼 이렇게까지 도와준 경우는 처음이다! 영사관의 역량과 노력에 표현할 수 없을 정도로 고마움을 느낀다."라고 한결같이 입을 모았다.

그 이후 실제로 가와사키측은 한국의 기업을 직접 방문한다. 부사장과 기술부장, 조달부장 등 핵심라인이 다시 방문을 해서 상호 협력을 모색한 결과 우선적으로 가와사키중공업이 드릴쉽(시추선)을 만드는데 한국기업이 참여하기로 논의가 진행되었다. 상당히 실질적인 소득이 있었던 것이다. 1척당 300억 정도 제작비가 들어가는 드릴십 건조에 한국기업이 본격적으로 참여하게 된 것이다. 결국 우리 영사관의 지원으로 이 한국기업과 (주)가와사키중공업이 한 배를 타게 된 것이다.

한국의 토크 콘서트를 수출하다

주고베총영사로서 나는 문화외교와 정무외교를 접목시키기 위한 활동도 벌였다. 대한민국의 강점 중에 하나는 한류로 대표되는 '문화파워'다. 한류가 확산되기 시작한 이후로, 재외공관의 주요임무 중 하나로 '한류확산'이 아예 공식화 되어있을 정도로 당시 정부는 한류의 확산과 유지에 많은 노력을 기울이고 있었다.

한류의 확대는 대한민국에 대한 우호적인 국가이미지로 직결되고, 한국제품에 대한 소비 즉 경제적 이득으로 연결된다. 문화외교는 그래서 그 중요성이 더욱 높아질 수밖에 없다.

일본에서 한류붐은 대단했다. 그러나 한일관계가 악화되면서 과거의 한류 바람은 많이 식었다. 한국에 대한 일본 사람들의 문화적 관심은 계속 떨어지고 있다는 사실이 피부로 느껴졌다. 한국에 대해 좋아하는 감정은 무관심으로, 무관심은 한국을 싫어하는 마음으로 조금씩 바뀌고 있다.

나는 어떻게 하면 일본인들의 마음속에 한국에 대한 좋은 이미지를 심어줄 수 있을지 고민해보았다. 가장 좋은 방법은 문화적인 접근이었다.

이런 맥락에서 추진했던 사업이 있다. 고베총영사관의 주최로 한국의 아이돌 가수를 불러서 일본인을 상대로 한 문화행사를 기획했던 것이다. 그런데 재외공관에서 펼치는 문화공연은 대개 비슷비슷하다. 단순히 모국에서 이름난 가수들을 불러 문화공연을 하고 끝내는 것이다.

물론 이 자체로도 긍정적인 의미가 있다. 그러나 나는 여기에 무엇인가를 덧붙이고 싶었다. 고베 총영사관만의 독창적인 프로그램을 결합할 것은 없을까? 문화외교의 효과를 더 높일 수 있는 뭔가 새로운 것이 없을까? 생각해 본 것이다. 고민 끝에 내가 찾아낸 것은 한국에서 유행하던 토크 콘서트였다. 당시 일본에서는 이런 개념 자체가 생소했다.

이 점에 착안한 나는 K-pop 콘서트에 일본 국회의원을 불러서 일본 국회의원과 총영사인 내가 함께 토크 콘서트를 벌이는 프로그램을 접목시켰다. 한국에서 많이 개최되고 있는 토크 콘서트의 형태를 외교 현장에 처음으로 도입해보자는 생각이었던 것이다.

내가 이런 생각을 하게 된 배경에는 당시 일본 내 혐한(嫌韓) 혹은 반한(反韓) 분위기가 확산되고 있는 것과 연관이 있었다. 일본 내에서 한국 때리기가 심해진 것은 일본 정치인들의 책임도 있기 때문에 그들과 허심탄회한 대화를 나누자는 취지였던 것이다.

단순히 일방적인 보여주기식 문화 콘서트로 그칠 것이 아니라, 그 자리에 일본의 현역 정치인을 출연시켜서 토크쇼를 가미함으로 인해

중앙일보 뉴스 전체보기

전체 정치 사회 지구촌 지역 뉴스클립

사회 | 최신기사 · 검찰·법원 · 교육 · 사건·사고 · 복지노동 · 사람 · 감동2.0 · 지역 · 건강

외교·토크쇼의 만남, 한·일을 얘기하자

[중앙일보] 입력 2013.12.23 00:10

일 의원, K팝그룹 등 참석

글자크기 + −

댓글보기 0 좋아요 공유하기 0 종합 29면 지면보기 ›

이성권 주 고베총영사(왼쪽)와 야마시타 국회의원이 토크 콘서트를 진행하고 있다.

객석의 청중과의 공감대를 더욱 확대하자는 취지도 담고 있었다.

이렇게 해서 오카야마현의 공연장에서 '토크 콘서트-2013 한·일 화합과 소통의 한마당'이 개최되었다. 이날 나는 오카야마현의 야마시타 다카시 국회의원과 함께 토크 콘서트를 진행했다. 야마시타 의원은 〈조선통 신사 행렬 재현 행사〉에서 내가 '정사(正使)'역을, 야마시타 의원이 '수행원'역을 맡은 것이 인연이 되어 알게 된 사이였다. 그는 이후에 법무부장관도 했던 인물이다.

300석의 좌석을 가득 메운 이날 행사에서 나는 유네스코 무형문화 유산으로 함께 선정된 한국의 '김장 문화'와 일본의 '와쇼쿠'(일본 요리)를 화제로 올렸다. 내가 "한국의 김장 문화에는 '공동체 의식'과 담은 김치를 이웃에 나눠주는 '나눔의 정신'이 있다. 한·일 관계도 나눔과 배려로 개선하자"고 말하자, 야마시타 의원은 "싸이의 '강남스타일'을 한국의 국회의원과 함께 어울려 춤춘 적이 있다. 문화 교류는 양 국민간 신뢰를 싹트게 할 뿐 아니라 정치인 간에도 사이를 돈독하게 하는 것"이라고 화답했다. 토크쇼 이후에는 5인조 K팝 남성 그룹인 '7942'와 가수 '소울 크라이'가 등장해 분위기를 고조시켰다.

행사에 대한 호응도는 너무 좋았다. 일부에선 "외교 공관에선 이런 일이 없었는데..."라며 획기적이라는 평가를 해주었다. 콘서트의 반응이 기대 이상이었던 이유는 이 콘서트가 문화와 책, 문화와 정치를 접목시키고, 무대 위에 선 사람과 관객의 상호 소통이 이루어졌던 자리이기 때문이었다.

토크 콘서트를 외교에 접목시켜 한국의 총영사와 일본 집권당의 국회의원, K팝그룹이 한 무대에서 한·일 관계 개선을 이야기했던 융합형문화활동은 다른 지역에서 찾아보기 힘든 사례였다. 언론에서도 외교와 문화의 접목, 외교와 토크쇼의 접목이라며 좋은 평가를 해 주었다.

절간에서 풍악을 울리다

문화 외교의 한 방식으로 일본의 산사(山寺)에서 음악회를 열기도 했다. 일본에는 우리나라만큼 절이 많다. 그러나 절에서 음악회를 하는 경우는 거의 없었다.

내가 일본의 산사에서 음악회 개최를 기획했던 이유가 있었다. 그 절의 주지스님이 우리 전통무용을 하는 여성무용가(김묘선)이었는데, 우익적인 일본인들의 혐한(嫌韓) '헤이트 스 피치'의 타켓이 된 일이 있었던 것이다. 일본의 우익들은 새벽 2시든 5시든 계속 절에 전화를 해서, "한국인이 왜 일본 사찰의 주지를 하느냐. 나가라.", "일본의 불교를 더럽히지 마라." 등등 입에 담기 어려운 비난과 협박을 함으로 인해, 절에 있는 스님과 종업원들을 불안에 떨게 했다.

일본에 거주하면서 한일 문화교류와 일본 불교의 유지에 실질적인 기여를 하고 있는 사람을, 단지 한국인이라는 이유로 공격하는 것은 용납할 수 없었다. 나는 한국인 무용가 주지스님을 지켜야 했다. 그래서 이 문제를 일본사회에 공론화할 필요가 있다고 생각했다. 하지만 일방적으로 한국의 외교관이 일본 내의 혐한 활동을 비판하면 일본인들의 거부감만 초래할 가능성도 있었다. 그래서 생각해 낸 것이 혐한(嫌韓) 헤이트 스피치의 타켓이 된 바로 그 절에서 양국의 전통 악기와 무용에 의한 음악회를 하며, 일본의 현역 지사를 불러내서 토크쇼 형식으로 혐한 흐름을 비판하는 것이었다. 즉, 일본의 지자체 수장을 불러내서 일본 내의 혐한 분위기와 행위에 대해 직접 비판하도록 하는 것이었다.

2014년 11월 10일, 일본 우익으로부터 공격을 받고 있던 토쿠시마현의 대일사(大日寺)에서 토쿠시마현의 이즈미 가몬(飯泉嘉門) 지사와 한일 양국의 전통음악가와 무용가가 참여한 '산사 음악회'가 개최되었다.

양국 전통 공연이 시작되기 전에 토쿠시마현 지사와 나의 토크쇼가 먼저 진행되었다. 토쿠시마현의 유력 방송사 카메라가 돌아가고 있었고, 신문사의 기자들도 취재를 와 있었다. 나는 당시 있었던 혐한 행위와 분위기에 대해 자세하게 언급한 후에 "토쿠시마현의 양식 있는 분들이 혐한 활동의 문제를 지적하고 예방하는데 앞장서 주길 바란다."고 요청했다. 이에 이즈미 지사는 "해외 여행객이 찾는 사찰 순례길에 혐한 벽보가 부착되고, 한국인 주지가 있다는 이유로 특정 사찰을 공격하는 것은 절대 용납할 수 없다. 그래서 경찰 당국에도 조사를 더욱 철저히 할 것을 요청했으며, 토쿠시마현 뿐만 아니라 시코쿠지역의 다른 현(카가와현, 고치현, 에히메 현)의 지사들도 '혐한 벽보 붙이기' 등 배외주의 행동에 반대한다는 점을 명확히 밝혔다."고 한 목소리를 내어주었다.

뉴스 홈 정치 북한 산업/경제 금융/증권 IT/과학 사회 전국 연예 문화 스포츠 세계 한민족 사람들 여행/축제 시론 비주얼뉴스

전체기사 뉴스 홈 > **전체기사**

〈고베총영사-도쿠시마현 지사, 혐한반대 '한 목소리'〉

日本語

고베총영사-도쿠시마현 지사, 혐한반대 '한 목소리' (도쿄=연합뉴스) 주일 한국 총영사와 일본 지방정부 수장이 일본내 혐한 흐름에 우려를 같이 했다. 이성권 주 고베(神戸) 한국 총영사(사진 오른쪽)와 이즈미 가몬(飯泉嘉門) 도쿠시마(徳島)현 지사(가운데)는 9일 도쿠시마현 소재 다이니치지(大日寺)에서 한일관계 개선을 주제로 대담하면서 일본 내 혐한 행동에 대해 반대한다는 입장을 밝혔다. 2014.11.10 << 주 고베 한국 총영사관 제공 >> jhcho@yna.co.kr

641회 로또당첨결과 11 18 21 36 37 43 + 12

차 바꾸고 싶은데...내 차 "팔면" 얼마?

· 좍 출신 "61억" 재벌男, 뒤를캐보니..경악
· 3개월만에 로또1등만 12번 당첨!! 어디야?
· 팔자주름 치료비 얼마?? (의
· 틀니 만들기 전 꼭 알아보자!(치)
· 말기 암투병 47세 "男", 죽기 직전에 한말이
· 김밥천국 아줌마, 420억벌고 포르쉐 몰아
· 40대 가장, 밤마다 투잡 알고보니..
· 40대 돌싱女, 홧김에 17억 한강에 뿌려..

핫뉴스

· '007 본드카' 애스턴 마틴 국내 상륙
· 북유럽·북극서 20일 개기일식…슈퍼문도 겹쳐
· 아들 살해하려던 이에게 띄운 미국 아빠의 용서편지
· 택시에 고의로 발 밟혀 '데이트비용' 마련한 고3
· 만취해 경비원 폭행 뇌수술까지 받게 한 20대 집유…
· '바가지 악명' 칭다오서 택시기사 한인 지갑 돌려줘…
· "생존에 감사할 뿐"…괴물 사이클론 버텨낸 바누아…

나는 감사함을 느꼈다. 이로써 우리가 하고 싶은 얘기를 우리의 입이 아니라, 들어야 할 일본인의 입으로, 그것도 대표성을 가진 지자체의 수장의 입을 통해서 하게 하고, 결국 아무런 거부감 없이 일본 사회에 우리의 뜻이 전달 될 수 있었던 것이다.

이에 대해 언론은 "고베총영사-도쿠시마현 지사, 혐한반대 한 목소리"라는 제목으로 주일 한국 총영사와 일본 지방정부 수장이 일본내 혐한 흐름에 우려를 같이 했다는 논조의 기사를 게제하기도 했다.

일본대학에서 일본을 비판하다

나는 일본에서 대학원을 다니고 일본국회에서 2년간 일했던 경력 덕분에 일본어를 비교적 편안하게 구사하는 편이다. 또한 일본의 정치뿐만 아니라 다양한 영역에 대한 이해도가 높았기 때문에 일본어와 일본에 대한 지식을 무기로 일본의 오피니언 리더들과도 상당히 깊이 있는 소통을 진행해 나갈 수 있었다.

그 때문일까? 총영사로 부임한 이후, 초청특강이 '쇄도' 했다고 할 만큼 수많은 강연요청이 쏟아졌다. 일본의 여러 대학들은 물론 각종 단체로부터도 많은 특강 요청이 밀려왔다. 1년에 20번 이상은 불려 나갔던 것 같다.

하지만 아무리 일본어에 능통하다고 해도, 외국인을 상대로 '강연'까지 한다는 것은 그렇게 말처럼 쉬운 일은 아니다. 많은 노력과 준비가 선행되지 못하면 자칫 어설프다는 소리를 듣기 십상이다. 이런 부담에도 불구하고 나는 각 단체나 기관, 학교 등에서 쏟아지는 강연요청을 일일이 받아 주었다. 그것은 강연이라는 형식을 빌려서 내가 하고 싶은 말들을 많은 일본인들에게 직접 할 수 있었기 때문이었다.

내가 보기엔 일본은 한국과 가장 가까운 나라임에도 불구하고 일본 사람들은 한국에 대해 모르는 것이 너무나 많았다. 우선 전달되는 정보의 양이 부족했다. 더 큰 문제는 왜곡된 정보가 전달되는 경우도 많다는 점이다. 이 때문에 한국에 대한 이미지가 갈수록 악화되고 있었다. 나는 '어떻게든 이 문제를 극복하기 위해 할 수 있는 모든 수단을 다 써야겠다.'고 생각했다. 바로 그 해법 중의 하나가 최대한 많은 일본인들을 대상으로 직접 특강을 통해 한일관계의 오해들을 풀어가는 것이다.

한번은 긴키대학이라는 곳에서 특강 요청이 있었다. 긴키대학은 재학생수가 3만 명이 넘고 전국 30위권 안에 들어가는 큰 대학이다. 강연장에 가보니 300명에 가까운 학생들은 물론 학부장을 비롯한 교수들까지 나와 있었다.

나는 특강을 통해 한일관계의 현재 상황과 한일관계가 악화된 이유를 차근히 설명했다. "문제의 발단은 일본이 과거의 역사로부터 회피하려는 데서 출발한다."는 점을 구체적인 근거를 가지고 정정당당한 어투로 설명했다. 이 정도면 일부 일본인이 거부감을 느낄 수도 있겠다는 생각까지 들었지만, 있는 그대로, 생각한 그대로 솔직하게 강연을 이어나갔다.

그런데 강연 끝나자 기대 이상의 반응이 나왔다. 일본을 비판하고 과감하게 문제를 제기 했음에도 불구하고 내가 강의를 마치자 대부분의 청중들이 일어나 박수를 쳐주었다. 기대하지 못했던 기립 박수였다.

일본을 비판하고 기립박수를 받다

특강을 마친 후, 1주일 쯤 뒤에 해당 대학의 교수로부터 연락이 왔다. "당신의 강의가 정말 좋았다. 아예 1년 동안 정기 강의를 해 줄 수 없겠는가?" 라는 요청이었다. 1주일에 한 번씩, 학점을 부여 하는 정규 수업을 맡으라는 얘기였다.

결국 나는 '한일비교문화론' 이라는 주제로 수업을 맡았다. 강의의 내용은 한-일 정치의 비교, 한반도의 역사에 대한 이해, 양국의 역사에 대한 설명 등 폭이 넓었다. 예민한 현안문제도 피해가지 않았다. 야스쿠니신사 참배 문제, 독도 문제, 위안부 문제, 역사교과서 문제 등 한-일간 각종 현안을 숨김없이 다루었다. 그런 현안을 가지고 학생들과 허심탄회한 대화를 나누었던 것이다.

강의시간을 통해 나는 이렇게 말했다.

"한국 사람들은 일본 총리나 정치인이 한국을 자극하는 발언을 할 때 일본 대사관 앞에서 시위를 한다. 즉, 일본 정부를 상대로 비판을 하지 일본인 개인을 공격하지 않는다. 하지만 일본은 다르다. 한국에 대한 불만을 한국 정치인들에게 정정당당하게 말하지 않고, 일본 정부에 세금을 철저히 내고 조용하게 살고 있는 재일 한국인을 비난하고 공격한다. 동경과 오사카의 한인타운에서 혐한(嫌韓) 데모를 하며 '한국인은 떠나라'고 하는 행위를 국제사회가 어떻게 보고 있는지 잘

일본대학에서 한일관계에 대한 특강중인 저자

생각해 보라."

"제네바의 유엔 인종차별철폐위원회가 일본정부에 보낸 헤이트스피치(hate speech) 금지 권고안이 있다. 하지만 일본 정부는 물론이고 일본 언론에서도 이 같은 내용을 알려주지 않는다. 여러분들은 유엔이 일본을 상대로 헤이트스피치 금지 권고 결의안을 낸 사실을 알고 있는가."

"일본은 외국인에 대한 참정권을 아직 허용하고 있지 않지만 한국은 2005년도부터 외국인 참정권을 허용했다. 국제인권조약에 따라 한국은 2001년부터 국가인권위원회를 설치해 운영하고 있으나 일본은 아직 인권위를 만들지 않고 있다, 이미 120개 나라가 만들었지만 일본은 만들지 않고 있다."

이런 나의 주장들에 대해 일본 학생들은 적지 않게 놀라는 눈치였다. 다른 문제들에 대해서도 최대한 객관적인 자료를 바탕으로 강연했다. 독도문제는 옛날의 지도를 꺼내놓고 접근하며, 위안부 문제는 인류의 보편적 가치인 여성의 인권이라는 관점에서 조명했다. 일본 학생들 중 상당수가 근거를 갖고 전개되는 강연에 대해 고개를 끄덕이는 것 같았다.

일본 정부 주장과 다른 이야기임에도 불구하고 많은 학생들은 지적(知的)으로 열려 있었다. 그들은 객관적인 자료에서 도출된 결론들을 있는 그대로 받아들였고 일본인교수에게 들을 수 없는 주장을 들으며 만족해했다.

무엇보다 내가 스스로 기쁘고 만족하는 것은 내 수업을 들었던 학생 중 3명이 한국 유학을 결심했다는 사실이었다. 내 강의를 들은 일본학생들이 한국에 큰 관심을 갖고 유학까지 결심했다는 사실은, 어찌 보면 사소한 사건이라고 볼 수 있지만, 나로서는 의미있는 성과라고 하지 않을 수 없었다.

베스트 공관장에 선정되다

나는 외무고시 출신 외교관은 아니었지만, 그들보다 더 많은 일과 더 좋은 성과를 내고 싶었다. 그래서 국회와 KOTRA, 청와대에서 쌓았던 나의 경험과 지식을 총동원했다. 창의적인 사업을 발굴하고, 한 번 추진한 사업은 뒷심을 가지고 끝까지 완수하려고 했다. 그 결과 외교부는 물론 동포사회로부터 좋은 평가를 받았다. 이러한 평가는 '2014 베스트 공관장' 선정으로 이어졌다.

하루는 〈영사 옴부즈만 회의〉에 참여한 재일동포 한 분이, 내가 없는 자리에서 "내가 알기로는 전 세계에 나가있는 공관장을 대상으로 베스트 공관장을 뽑는다고 한다. 난 우리 이성권 총영사만큼 이렇게 일 잘하고, 열심히 하고, 성과를 낸 사람을 못 봤다. 우리 동포들이 뜻을 모아 이성권 총영사를 추천하자."고 의견을 모았던 것이다. 이렇게 뜻을 모은 동포들이 고베총영사관의 5개 관할지역의 민단과 재일한국상공회의소, 그리고 동포 법조인 모임 등을 돌면서 직접 서명을 받아서 선정기관에 제출했던 것이다.

나로서는 너무나 고맙고, 감동적인 일이 아닐 수 없었다. 고국을 떠나 멀리 타국에서 공직자로 일하는 시간 동안, 누군가 나의 노력을 인정해주고 평가해 준다는 것만큼 보람있고 감사한 일은 없을 것이다.

'2014 베스트공관장 상(賞) 선정위원회'는 해외 동포사회의 추천을 받아 최종적으로 나를 포함한 6개 국가의 공관장을 영예의 수상자로 선정했다.

내가 2014 베스트공관장 상(賞)에 선정된 이유는 이랬다.

이성권 주고베 총영사는 '영사 옴부즈만 회의'를 설치해 동포들의 의견을 적극 수렴하고, 쾌적한 민원환경을 조성하는 한편 민원 서비스의 질적 향상을 도모하였고, '주요 정당과의 정책 간담회' 등을 통해 동포들의 권익 향상을 위한 다양하고 수준 높은 활동을 전개하고 있다. '시코쿠지역 한일경영자회' 설립 및 운영에 적극 지원하고 '우리국적 학생인턴십 프로그램 운영'을 통한 동포사회 차세대 육성을 지원하는 등 동포 사회 미래 건설에 앞장서며 문화를 매개로 동포들의 사기 진작에 성과를 보이고 있다.

-WorldKoreanNews 2014년 10월 2일

나는 비록 임지를 벗어나지 수상하러 가지는 못했지만 그 고마운 마음은 현해탄을 건너 내 마음까지 전해졌다.

부록

신미라가 말하는 이성권

신미라가 말하는 이성권

애가 피오줌을 눠도 사사로운 부탁은 안한다?

결혼생활을 한지 오래되었지만 지금도 가끔 성권씨가 집안에 큰 일이 있을 때조차 원리원칙만 고집하는 모습을 보면, 아내로서 화가 나는 경우가 있다. 제일 화가 났던 것은 큰 애가 신장이 안 좋아서 피오줌을 눴을 때였다. 유학생활 끝 무렵인 2003년 말에 국회의원 공천을 받으려고 부산에 들어왔는데 아이가 공항에서부터 "엄마. 오줌이 이상해"라며 몸에 이상을 호소했다.

아니나 다를까 컵에 아이의 오줌을 받아보니 피가 섞여 나왔다. 갑작스럽게 환경이 바뀌어서 그런지 신장에 이상이 생긴 것이었다. 나는 너무나 놀라 그길로 아이를 부산 백병원에 입원시켰다. 그런데 2주를 입원했는데도 피오줌이 멈추지 않았다.

나는 성권씨가 일본에서 귀국한지 얼마 되지 않았지만 과거 국회의원 보좌진을 했기 때문에 서울에 아는 인맥이 많을 것이라 생각했다. 그래서 도움을 받고 싶어 남편한테 요구했다.

"서울에 유명 병원으로 애를 빨리 옮기자. 당신이 아는 높은 사람들한테 전화 좀 몇 통화해서 빨리 입원할 수 있을 길을 좀 뚫어 봐라."

그러나 남편은 내 제안을 단칼에 거부했다.

"여기 의사도 괜찮은데 왜 굳이 서울에 갈 이유가 있나! 의사를 믿고 기다려라!"

성권씨는 그런 일로 자신이 아는 정치권 인사들에게 줄 대고 부탁하는 것을 싫어했던 것이다. 하지만 나는 섭섭함을 넘어 화가 났다. '애가 피 오줌을 싸는데 전화 몇 통화 하는 것이 뭐가 그리 대단 하다고 저러나!' 하는 생각이 들었다. 오죽 했으면 주변의 다른 사람들이 나에게 '내가 알아봐 줄까?' 라고 말하기도 했었다. 결국 우리 부부는 크게 다투었다.

다행히 얼마 지나지 않아 아이의 피오줌이 멈추고 퇴원할 수 있었다. 하지만, 나는 그때 당시 '저렇게 애가 아픈데 원리원칙만 고집할 수 있을까?'라고 성권씨를 원망하지 않을 수 없었다.

걷다말고 자전거를 집어던졌다

비슷한 일화가 하나 더 있다. 성권씨가 일본 유학시절 고노타로(河野太郎) 국회의원실에 비서로 근무하고 있을 때 일이다. 성권씨는 의원실에서 1달에 7만 엔을 받아왔고, 나는 레스토랑에서 하루 4시간 접시 닦기 아르바이트를 해서 3만 엔을 벌고 있었다. 그렇게 우리는 10만 엔으로 유학생활을 이어 나가고 있었다.

그런데 얼마 지나지 않아 고노타로 의원실에 미국인 유학생이 한 사람 들어왔다. 문제는 그 미국인에 대해 고노타로 의원실에서 전혀 급료를 책정하지 않았다는 점이었다. 같은 유학생 신분인데 성권씨는 7만 엔을 받고, 미국인 유학생은 완전 무급 자원봉사였던 것이다. 성권씨는 아무래도 같은 유학생 신분으로 같은 의원실에 근무하면서 자기만 돈을 받으려니 그것이 좀 마음에 걸렸었던가 보다. 하루는 내가 성권씨와 함께 자전거를 끌고 집으로 돌아오고 있는데 그가 말하길 “아무래도 나는 7만 엔을 받는데 미국인 유학생은 한 푼도 못 받는 것이 좀 마음에 걸린다. 고노타로 의원에게 내가 받는 7만 엔의 절반을 갈라서 그 미국인 유학생에게 나누어 주었으면 좋겠다.”고 말을 했다는 것이다.

나는 그 말을 듣는 순간 화가 머리끝까지 치밀어 올랐다. 그때 얼마나 화가 났던지 끌고 가던 자전거를 확 집어 던져버렸다. 나는 길거리에서 큰 소리로 말했다.

“당신이 3만 5천 엔을 안 받으면 내가 접시를 몇 시간 더 닦아야 되는지 아느냐? 미국인 유학생이 돈 못 받는 것은 그렇게 가슴 아파하면서 어떻게 마누라 접시 닦기 몇 시간 더 하는 것은 아무렇지도 않게 생각하느냐?” 라고 몰아붙였다.

내가 너무 크게 화를 내니까 남편은 쭈뼛쭈뼛 물러났다. 다행히 고노타로 의원은 현명하고 합리적인 사람이었다. 고노타로 의원은 자신의 급료를 절반으로 나누겠다는 성권씨의 제안에 대해

“이성권 당신은 내가 필요로 해서 불러온 사람이고 미국인 유학생은 자기가 공부하기 위해 의원실에 들어온 것이다. 그래서 미국인 유학생에게는 돈을 줄 필요가 없다.”라고 말했다는 것이었다. 그 덕에 다행히 월급 3만 5천 엔이 깎이지는 않았다. 하지만 나는 성권씨의 행태에 분노하지 않을 수 없었다. 만약 성권씨 제안의 결과 3만 5천 엔씩 나눠 갖게 되었다면 성권씨는 사무실에서 동료의 아픔을 챙겨주는 공평하고 정의로운, 훌륭한 사람이 되었겠지만, 나는 접시를 3만 5천엔 어치 더 닦아야 했다. 그런 생각을 못하는 성권씨가 정말 아쉬웠다.

우리 집에서 제일 가까운데가 어데고?

국회의원에 당선 된 뒤, 남편과 내가 서울로 올라오자 우리 집 아이들의 교육문제가 큰 문제로 떠올랐다. 첫째 아이가 유치원 시절을 일본에서 보내다가 부산으로 넘어온 관계로 문화적 차이를 잘 극복하지 못하는 것 같았다. 첫째는 비록 남자지만 친구들이 짓궂게 구는 한국식 장난을 잘 받아들이지 못했다. 학원도 안가고 학교생활도 잘 적응하지 못하는 것 같았다.

예를 들면 부산 아이들은 남자애들이 친구 바지를 확 벗기고 도망가는 장난(아이스케끼?)을 대수롭지 않게 하는데 일본에서는 전혀 그런 문화가 없었다. 그 장난을 당한 아들은 너무 심한 모멸감을 느꼈는지 울면서 학교를 안가겠다는 말까지 했다.

애가 학교를 안가겠다 하니 아무래도 '안 되겠다.'는 생각이 들었다. 우리 부부는 아들을 서울로 전학시켜야겠다는 생각을 했다. 그런데 그때 내가 욕심이 좀 생겼다. 엄마라면 한 번쯤 생각해 볼 수 있는 호기일 것이다. 기왕 서울로 전학할 거면 좀 이름난 사립 초등학교로 전학시키면 어떨까 생각했던 것이다. 주변에 물어보니 영어로 수업을 하는 것으로 유명한 모 초등학교가 있었다. 이른바 대한민국 몇 %만 다닌다는 학교였다. 돈도 없었지만 자식 공부 욕심이 발동했던 것이다.

모 국회의원 아이, 모 연예인의 아이들, 모 재벌 그룹회장의 손자 등 이름만 대면 알 수 있는 유명한 사회 지도층 인사들의 자제들이 그 학교를 다닌다는 것이었다.

문제는 그 학교에 워낙 많은 입학신청이 몰려 있기 때문에 정상적인 방법으로는 쉽게 들어가기 어렵다는 것이었다. 여기저기 정보를 캐보니 엄마인 내가 전학 신청을 할 게 아니라 남편인 성권씨가 직접 학교를 찾아가서 국회의원 명함을 주고 인사를 하면 쉽게 입학할 수 있을 것이라고 주변에서 귀뜸을 해주었다.

나는 그렇게 지인들에게 들은 얘기를 그대로 성권씨에게 했다.

"그 학교가 그렇게 들어가기 어려운 학교인데.. 당신이 직접 그 학교를 찾아가서 교장을 만나고 국회의원 명함을 내밀면서 얘기를 해봐라."

그러자 남편이 나에게 물었다.

"우리 집에서 제일 가까운데가 어데고?"
"신서 초등학교다"
"그냥 거 보내라"

단칼에 거절당한 것이었다. 그러나 나는 또 다시 우리 아이들이 학교에 적응을 못할 것 같아 걱정이 되었다. 첫째인 아들은 막 5살이 되었을 때부터 8살이 다 되어갈 쯤까지 일본에서 살다가 초등학교 입학을 앞두고 귀국했다. 그래서 한국말을 잘 못했다. 처음에는 할머니하고 얘기가 잘 안 되었을 정도였다. 받아쓰기 시험을 보면 매번 10점 ~20점 맞을 정도로 한국말이 서툴렀다.
난 엄마로써 아이가 계속 걱정이 되었다.

'그럼 00초등학교라도...'
어떻게든 좀 유명한 사립초등학교를 보내고 싶었다. 그럴 때마다 성권씨는 화를 냈다.

"왜 애를 그렇게 키우려고 하느냐?"

남편은 자신의 권력이나 지위를 활용해서 내 가족을 위한 사적인 특혜를 확대하는 일을 지독히 꺼려했다.

결국 남편의 심한 반대 때문에 나는 첫째 아이를 유명한 초등학교 문턱 근처조차 보낼 수가 없었다. 그러나 결과적으로 보면 우리 아이는 동네의 초등학교를 잘 다녔다. 친구도 많이 사귀고 적응도 잘 했다.

7살 터울이 나는 둘째 딸을 영어유치원에 보낼까? 고민 할 때도 그랬다. 영어 유치원은 한 달에 100만원이 넘었다. 일반 유치원과는 비교도 되지 않을 정도의 고비용이다. 비록 가정경제가 넉넉하지 않아도 둘째만큼은 좀 더 나은 데를 보내고 싶었다. 그래서 성권씨에게 상의했다. 그러자 남편이 영어 유치원이 아니라 제일 가까운 유치원이 어디냐고 물었다.

"가까운 유치원이 어데고?" "바로 집 앞에 있는데.." "거 보내라"

출장을 왜 같이 가는데?

성권씨의 코트라 감사업무로 가는 해외 출장은 일반적으로 생각하는 출장과는 사뭇 달랐다. 우선 한번 출장을 가면 짧으면 12일 길면

20일 넘는 장기간으로 4개국에서 6개국을 방문하면서 대륙을 횡단하는 일정이었다. 장기간의 대륙횡단 출장이 잡히면, 여름과 겨울 두 계절의 옷을 모두 준비해야 하는 일도 종종 있었다.

남편의 해외 출장이 계획된 어느날, 나는 초등학교 학부모들과 저녁 식사 모임을 하고 있었다. 대화 도중 내일 남편이 해외 출장을 간다는 얘기가 나왔는데, 한 엄마가 출장 가방을 싸러 들어가야 하지 않냐고 나에게 물었다. 순간 나는 좀 당황스러웠다. 벌써 1년여의 해외 출장 중 나는 한 번도 남편의 출장 가방을 싼 적이 없었다.

"자기 내가 출장 가방 싸주까? 부인들이 싸주는 거라는데"

"내 출장 가방을 왜 자기가 싸는데? 어디에 뭐가 있는지, 출장에 뭐가 필요한지 내가 아는데 자기가 왜?"

남편은 결혼생활 동안 소위 '아내의 내조'라는 것을 바란 적이 없었다. 두 아이의 육아와 대학원 공부로 바쁜 내 일상의 버거움을 많이 이해해 주었다.

반면, 공적인 부분에서는 냉정하리만큼 원칙을 세우고 선을 그었다. 코트라 감사 임기가 거의 끝나갈 무렵, 우연한 기회에 장기간의 해외 출장에 부인과 동반하는 경우가 많다는 사실을 알게 되었다.

"해외 출장 가면 부인도 한번씩 같이 나간다는데,,, 왜 한번도 안 데려가는데?"

"니가 감사가 거길 왜 같이 가는데!"

지원하는 것은 자유다

고베 총영사로 재직할 때, 여름방학을 맞아서 고베 총영사관 관할 지역에 거주하는 한국 국적 청소년 대상으로 인턴십 제도를 남편이 주도해서 시행하게 되었다. 청소년들에게 영사관을 알리고, 보다 친근하게 다가가기 위해 시행한 인턴십 제도였다. 내가 봐도 훌륭한 제도였다. 관할지 학부모들이 너무 좋아했다.

나는 당시 고등학교 2학년이던 아들이 영사관의 청소년 인턴십을 하게 되면, 다음 해에 있을 대학 입시에 좀 더 나은 스펙이 되지 않을까 조금 기대하였다.

"철화도 학생인데, 인턴십 지원해도 되제?"

"지원하는 것은 자유인데, 합격하라는 보장은 없지"

결국 영사관 직원 자녀는 아무도 인턴을 하지 못하고, 일반 지원한 고등학생이 인턴을 하게 되었다.

대신 아들과 딸은 고베한국문화원 풍물반 단원으로 매년 고베마쯔리(축제)에서 한국 문화를 알리는 사물놀이 공연단 활동을 하였다.

남편은 고베한국문화원에서 풍물반 활동하고 고베마쯔리에 한국 대표로 참여하였던 고3 학생들에게 대학 추천장을 써주기도 하였다.

반면, 아들은 대학 입시에 추천장 한 장 없이 성적표와 자소서로

철화, 은채 풍물패

입시를 준비하였다. 같은 활동에도 친구들에게만 추천장을 써준 아버지에 대해 전혀 서운한 마음을 가지지 않아 기특해했던 기억이 새롭다.

하지만 아들의 뼈있는 한마디 "아빠를 존경하지만, 아빠처럼 살고 싶지는 않아요"

어릴 때부터 누구누구의 아들로 살았던 힘듦이 느껴지는 한마디로 정치하는 부모를 둔 자녀들이 느끼는 마음이 아닐지 싶다.

한밤중에 다리 주물러주던 남편

성권씨는 사적인 부탁을 싫어하고 권위적인 것도 싫어했다. 그렇다고 솔직히 어디 가서 돈을 잘 벌어오는 것도 아니었다. 특히 일본 유학 초기단계 때 심했다. 나는 아르바이트 식당에서 접시닦이를 무척 잘해서 사장과 직원들한테 칭찬을 많이 받았던 반면, 성권씨는 번번이 상사에게 지적당하거나 그만 두기 일쑤였다.

일본에서는 화이트 칼라의 한국 남자들이 할 수 있는 아르바이트 일거리는 별로 없다. 성권씨도 아르바이트를 열심히 찾아다니기는 했지만 초기에는 제대로 뭔가를 하지 못했다.

그 바람에 내가 아르바이트를 많이 하고 성권씨가 학교 다녀와서 집에서 애를 볼 때도 있었다. 내가 퇴근했다가 다시 2차 아르바이트를 하기 위해 나가면 성권씨는 집 청소와 밥을 해놓았다. 국과 반찬 종류는 매번 똑같았다. 그 때 성권씨가 가장 많이 차려주었던 것이 미역국이다. 한국에서 부모님들이 보내온 기장 미역으로 만들었는데 내 몸이 미역에 감기는 꿈을 꿀 정도로 많이 먹었다.

하루는 내가 잠결에 끙끙 앓았나보다. 너무 단순노동을 많이 하다 보니 몸살이 나서 그런지 몸이 심하게 아파서 나도 모르게 신음소리를 내었던 것 같다.

그런데 한참 자다보니 어둠속에서 누군가 내 다리를 만지고 있는 것이 느껴졌다. 성권씨가 내 다리를 막 주물러 주고 있었던 것이다. 내가 잠결에 끙끙 앓고 있으니 미안하고 마음이 아팠던지 내 다리를 주물러 준 것이다. 나는 차마 일어날 수 없었다.

그 때 많은 생각이 들었다. 한국에서는 분명 능력 있는 남자였는데 일본에 와보니 무능력했다. 일본에서는 이 남자를 잘 써주지 않았다. 특히 단순노동에 서툴렀다. 그 바람에 아르바이트로 번 돈이 얼마 안 되었다.

일본에 와서 성권씨와 싸웠던 대부분의 이유는 이것 때문이었다. 나는 그 순간 차라리 생각을 바꾸어 보기로 결심했다. 아무래도 성권씨의 능력에 자꾸 의존하려고 하다 보니 싸우는 것 같았다.

'결혼해서 4년은 성권씨가 벌어먹여 살렸으니까 일본에서는 내가 벌어먹여 살리자. 설마 한국 가서도 저러겠냐.' 라고 생각을 고쳐먹었더니 마음이 한결 편안해졌다.

'그래 이 사람은 나쁜 사람이 아니다. 무능력한 사람도 아니다. 단지 일본에서 아르바이트를 제대로 못할 뿐이지! 성권씨 본인은 얼마나 답답하겠는가.'

나는 그렇게 마음속으로 남편을 위로하고 있었다.

나중에 내 목 조를 생각 말고 공부 계속해라

내가 성권씨에게 고마워하고 존경하는 부분이 있다. 이 이유 때문에 나는 다시 태어나도 성권씨와 결혼을 할 것이라고 주변에 자랑삼아 말한다.

한국에서 전세금을 빼서 만들어간 5천만 원이 유학생활 3년 만에 바닥을 칠 때 쯤 해서 우리 가족은 귀국했다. 17대 총선에 출마하기 위해서였다. 성권씨는 공천을 받기 위해 동분서주 했지만, 솔직히 나는 그때 공천을 받을 거라고는 전혀 기대하지 않았다.

"돈도 한 푼 없는데 우째 공천을 받겠노."

그것이 나의 솔직한 심정이었다.

그러고 있는데 덜컥 공천을 받았다. 나는 그때 둘째 애를 임신한 상태였다. 후보자의 부인의 중요성을 잘 알고 있던 나는 너무나 난처했다. 선거 캠프에 있는 사람들에게 임신했다는 말을 차마 꺼내기 힘들었다. 임신 5개월째 그 상태로 나는 하루 7시간씩 선거운동을 했다. 다행히 학생운동 때 민중당 선거운동을 하며 선거판에서 잔뼈가 굵었기 때문에 가능한 일이었다.

그런데 그렇게 당선이 되고 둘째를 출산하고 나니 살짝 꾀가 나기 시작했다.

'남편이 국회의원인데 굳이 내가 학업을 계속 할 필요가 있을까?' 하는 생각이 들었던 것이다.

게다가 그때는 막 태어난 둘째가 딸이라 그렇게 귀여울 수가 없었다. 그러다보니 '골치 아픈 공부 때려치우고 애 키우는 재미로 살까?' 하는 생각이 굴뚝같이 들었던 것이다.

박사학위를 받으려면 일본을 오고가며 논문을 써야 하는데 어린 둘째를 키워가며 한다는 것은 너무나 힘들었다. 특히, 나는 분유가 아닌 모유를 수유했기 때문에 더욱 고충이 컸다. 이런저런 사정 속에서 나는 학업을 포기 하는게 어떨까라는 생각을 하게 되었고, 성권씨에게 이 문제를 상의해 보았다.

그러자 성권씨가 정색을 하며 이렇게 말했다.

"당신이 지금 포기하는 것을 반대하지는 않지만, 세월이 한참 흐른 뒤에 후회하지 않을 자신이 있나? 그리고 남편과 애들 뒷바라지 때문에 인생 포기했다고 후회하지 않을 자신 있으면 그렇게 해도 좋다.

괜히 나중에 자다가 내 목과 애들 목 조르지 말고 공부해라. 애들과 나를 위해서가 아니라 니를 위해서 공부해라."

그러면서 그는 학생운동하던 동료들 중에 남편 뒷바라지만 하면서 사는 여자들이 우울증에 빠지거나 별로 행복해 하지 않는 모습을 많이 보았다는 것이었다. 그러면서 나에게 정말 후회하지 않을 자신이 있느냐고 재차 물었다.

형식상 나의 결심을 확인하는 것 같았지만 사실상 내 삶을 포기 하지 말고 계속 전진하라는 충고였다. 나는 정말로 가만히 생각해 보았다.

'내가 지금 학업을 포기하고 나중에 정말 남편의 목을 조르지 않을 수 있다고 자신할 수 있는가?'

나는 며칠 고민을 해 보았다. 자신이 없었다. 나는 공부를 계속 하기로 결심했다.

사실 당시 나는 논문을 쓰느라 무척 고생을 할 때였다. 그때 둘째 아이가 생후 석 달 상태라 모유는 끊기 싫고 논문은 계속 써야했다. 그러다 보니 나중에는 유축기를 사서 모유를 짠 다음 냉장고에 넣어 두었다가 아이에게 먹였다. 그 정도로 힘든 시기였기 때문에 하고 싶은 공부를 포기할 생각을 한 것이다.

그때도 그렇지만 지금도 성권씨는 내가 공부를 계속할 수 있도록 적극적으로 도와준다. 우리는 가진 재산이 별로 없지만 남편은 내 학비를 아까워하지 않는다.

성권씨가 코트라 감사로 근무할 때, 나는 논문 때문에 하와이에 공부를 하러 몇 달을 다녀와야 했다. 그런데 돈이 없었다. 당시 우리는 서울 양천구의 아파트에서 2억 원의 전세로 살고 있었는데 내 학위를 위해 남편은 1억 6천만 원의 전세로 집을 줄여가며 학비를 마련해 주었다. 자식 공부도 아니고 아내의 공부를 위해 전세금을 줄여 4천만 원을 빼주었다고 하니 주변의 다른 여자들이 부러워했다. 정치활동에 쓸 돈도 부족한 판에 아내의 학비를 위해 거액을 잘라주었던 남편이다.

처녀 때는 이 보다 괜찮았다

많은 사람들이 우리 부부를 보고 의아해 한다. 돈을 모으는 것을 좋아하지 않는 것도 그렇고, 쉬지 않고 뭔가를 벌이는 것도 그렇고. 그렇게 고생하면서도 심각하게 싸우지 않고 잘 사는 이유가 무엇인지 묻는 것이다.

내가 보기에 우리는 남녀가 아니라 동지인 것 같다. 나는 성권 씨에게 전통적인 남편의 역할을 바란 적이 별로 없다. 남편으로서 다정하게 선물을 하거나 이벤트를 하거나 그런 것을 기대한 적이 없다.

성권씨도 나에게 전통적인 아내로서의 서비스를 바라지 않는다. 밥을 3끼 꼭 챙긴다거나, 와이셔츠를 매일 다려준다거나 하는 것을 바라지 않는다. 자신이 직접 다리는 경우가 다반사다. 해외 출장을 갈 때도 자신이 모든 것들을 다 챙긴다. 집안이 좀 정리 안 되어 지저

TEFAL

분해도 크게 개의치 않는 성격이다. 우리는 전형적인 내조와 외조를 서로 바라지 않는다.

다만 우리는 서로가 무엇을 좋아하는지 만큼은 너무나 잘 알고 있다. 내가 공부를 해야 행복하듯이, 성권씨는 정치를 해야 행복한 사람이라는 것을 서로 느낀다. 그리고 서로를 위해 배려를 한다.

하루는 아들이 내게 물었다. 겉보기에 서로를 잘 챙기지 않은 것 같으니 궁금한 게 있었던 모양이었다.

"내가 보기엔 엄마가 밥도 잘 안 해주고, 빨래도 잘 안 해주는 것 같고, 영~ 아빠를 신경도 안 써주는 것 같은데, 아빠는 왜 엄마랑 결혼했는지 모르겠다. 엄마가 이쁘기라도 하면 모르겠지만..."

나는 아들에게 항변했다.

"처녀 때는 이거보다 좀 괜찮았다"

서부산이 답이다

초판 1쇄 인쇄 2023년 12월 30일
초판 1쇄 발행 2024년 1월 6일

지은이 이성권
펴낸곳 글통출판사
편　집 홍기표
인　쇄 정우인쇄
등록 2011년 4월 4일 (제319-2011-18호)
팩스 02-3006-0276
페이스북 http://www.facebook.com/Geultong
이메일 geultong@daum.net
ISBN 979-11-85032-90-0
정가 20,000원